帝洛巴傳

The Life of Tilopa and The Ganges Mahamudra

成就故事與其教法恆河大手印

堪千創古仁波切◎著
傑瑞・莫瑞爾（Jerry Morrell）
朱爾・雷文森（Jules Levinson）◎英譯
陳碧君◎中譯
江翰雯◎審譯

願諸佛的珍貴寶藏——

此無與倫比、殊勝的法教，

如日中天，光耀遍世間。

目次

第二部 恆河大手印：大手印講解 63

序

「大手印」為吾等噶舉派最高之法教，自法身佛—金剛總持傳於印度聖哲帝洛巴，再由其心子那洛巴傳於西藏初祖馬爾巴，開啓了「大手印」法教於西藏弘傳之源頭。「大手印傳承」於西藏經歷如：密勒日巴、達波仁波切……等諸教證圓滿之上師的實修實證而保存至今，甚至發展成噶舉派「四大八小」、百花齊放的局面。

「大手印」本為直指心性之法教，無法透過語言和文字而描述，但由於諸佛熱切之悲心，不忍眾生一直沉淪在輪迴苦海當中，因而轉動法輪，以有限的語言演說經教，廣設方便。此外，歷代祖師結合自身的修持經驗及所證，為後世弟子編排了一套完整且具有次第性的修持方式——從共與不共前行、止觀禪修，一直到認識出心的本性，讓弟子們不會如盲人一般橫衝直撞，能夠直接進入修行的核心。

藏傳佛教在這個時代已傳遍全世界，尤其仰仗尊勝的第十七世大寶法王噶瑪巴鄔金欽列多傑無比的攝受力，使噶瑪噶舉傳承在全世界，特別是華人世界，擁有許多追隨者。僅僅追隨而不修持無法成就佛果，許多弟子在聽聞及閱讀法教上面對許多障礙。有鑑於此，納以粗略簡潔的語言，闡述帝洛巴的傳記，以及對那洛巴的教誨——《恆河大手印》，並感謝菩薩們將它集結成書，希望此書的出版能夠讓讀者一探證悟者的成道之路及「大手印」的面貌，雖然「大手印」無法以語言和文字敘述，但僅僅聽聞及閱讀「大手印」一詞，已是累世善根成熟的徵兆，未來證悟的開始。弟子李佩雯協助出版此書功德無量。

最後，謹以《大手印祈請文》之末句祝福大家：

世世不離清淨上師尊，受用殊勝吉祥之法教，
五道十地功德悉圓滿，願速證得金剛持果位。

創古祖古

英文版前言

黃金珠鬘系列叢書旨在出版殊勝噶舉上師的法教與修行傳記。「珠鬘」一詞指的是噶舉傳承中，將佛陀深妙的大手印法教無間斷地傳遞到今日的大成就者們。這些法教之所以深妙，在於其涵蓋了能讓行者即身成佛的口訣與修持。

噶舉傳承的極大加持之一，便是具有多元生活型態的傳承上師，為我們展現出無論處於任何生活型態或環境，都能夠修學佛法並獲得成就。例如帝洛巴以一介舂搗芝麻的僕役而獲得證悟；而其它獲得成就的大師，包括經商並擁有家室的馬爾巴、馬爾巴的弟子在無人崖洞中苦修的密勒日巴，以及密勒日巴弟子之一的出家僧人岡波巴等。儘管生活型態不同，他們卻有一個共通點：他們都是經由修持大手印而獲得證悟。這些在在顯示出金剛乘的多元性以及法門的犀利，不論處於任何環境下，都能將行者的心念予以轉化。因此，我們若是能以大精進力來修持大手印，也同樣能在一生當中得到成果。

因此，研讀噶舉傳承大師的修行傳記能啓發我們入道，並且在我們遭遇到困難時，給予我們繼續前進的鼓勵與啓示。特別是能由悲智兼具的大成就者堪千創古仁波切處領受法教，則又是另一項極大的加持，因爲仁波切已直接證悟了大手印，同時也是大手印傳承的持有者，他所傳授的不只是文字，更是文字背後的實義。

在此，我鼓勵大家研讀這些修行傳記，祈願它們能啓發您去實現傳承上師們的心願，同時以此功德，願偉大上師們的生命與法教得以興盛並長久駐世，以利益無量無邊的有情眾生。

喇嘛噶瑪些竹

和樂法叢信託（Zhyisil Chokyi Ghatsal Trust *Publications*）

寫於紐西蘭奧克蘭市，富蘭克林路，龐申比

堪千創古仁波切簡介

堪千創古仁波切的轉世傳承始於西元第十五世紀。當時參訪西藏創古地區的第七世大寶法王確札嘉措興建了創古寺，並且認證了謝惹嘉稱（Sherap Gyaltsen）爲蓮花生大士二十五位大成就弟子之一的巴機聖紀（Palgyi Senge）之化身，而將之尊立爲第一世創古仁波切。

現世堪千創古仁波切於一九三三年出生於西藏康區，爲創古轉世傳承的第九世。仁波切四歲時，第十六世大寶法王與八蚌寺泰錫度仁波切藉由其父母親的姓名、及其出生地的預言，認證他爲創古祖古的轉世。

之後，仁波切進入創古寺學習。從七歲到十六歲期間，仁波切學習讀、寫、文法、詩作、曆算，背誦儀軌並完成兩次基本閉關。十六歲時，在堪布羅卓若瑟（Lodro Rabsel）的指導下，仍在閉關當中的仁波切開始研習三乘佛法的法教。

二十三歲那年，仁波切於大寶法王座下受具足戒。二十七歲時，因歷史因素而由西藏來到印度，並受召前往大寶法王流亡地的法座錫金隆德寺。三十五歲時，於印度孟加拉邦巴薩達爾（Buksa Duar）僧眾流亡營的一千五百位僧眾前，接受格西（佛學博士）的考試，之後獲頒格西拉然巴的最高等學位。回到隆德寺後，仁波切被任命爲隆德寺以及附屬隆德寺的那瀾陀高級佛學院的住持，曾任噶舉傳承四大法子——泰錫度仁波切、蔣貢康楚仁波切、嘉察仁波切與夏瑪仁波切的親教師。

仁波切弘法的足跡遍及歐洲、遠東、以及美國，爲加拿大新斯科細亞省的岡波寺與英國牛津創古之家的住持。一九八四年仁波切參訪西藏的若干寺院，在短短數個月之間爲超過百位的僧尼剃度。仁波切於尼泊爾博得那建立創古扎西叢林寺，於加德滿都村落之東的南摩布達設立一所閉關中心與學院，在博得那成立了一所普通學校，教育一般孩童與年輕的僧侶，並在加德滿都設立創古度母寺。一九九九年十月份，仁波切爲印度鹿野苑的一所學院舉行開光；該學院將收受來自不同佛教傳承的學生，同時也對西方學生開放。

仁波切爲舉世公認的大手印成就者，曾經在超過二十五個國家中授課，以深入淺出的教學風格而廣受東西方弟子的愛戴。

近年，仁波切因其浩瀚的佛學知識，而被達賴喇嘛尊者任命爲第十七世大寶法王　鄔金欽列多傑之總經教師。

序言

佛法始於誕生西元前四世紀的佛陀。佛陀入滅後，佛法的保存不斷受到重重的考驗。約西元第一世紀時，小乘佛法傳到了斯里蘭卡，在那裡以文字記錄而保存了下來。小乘佛法與盛行於北印度的大乘佛法，在偉大寺院內數千位行者的修持下得以延續下來，直到西元九世紀伊斯蘭教入侵印度爲止。幸運的是，數位來自中國與西藏的英勇人士來到印度，將這些佛法經典帶回他們的國家。就在北印度的寺院全部受到毀壞之前，一位意志堅定的西藏人（大譯師馬爾巴）長途跋涉多年來到印度，最後找到了那洛巴；學者那洛巴當時已捨棄了那瀾陀大學的教職，跟隨著大成就者帝洛巴在林間修行以求證悟。這個因緣將金剛乘法教的特殊傳承帶到了西藏，在那裡，這些珍貴的法教獲得保存與修持，師徒代代相傳直至今天。

這些法教是由藏傳佛教四大教派之一的噶舉傳承所流傳下來的，而本書則是該傳承持有者們的第一本傳記。

一九八八年，美國那瀾陀翻譯委員會當時因正在翻譯帝洛巴大師的傳記，便敦請創古仁波切授予帝洛巴的開示；同年十月份，仁波切於美國科羅拉多州博得市（Boulder）的噶瑪藏（Karma Dzong）授予帝洛巴的開示，課程英文翻譯爲傑瑞．莫瑞爾（Jerry Morrell）。南摩布達出版社有幸取得此次課程內容，並由德國慕尼黑的格芘．霍門（Gaby Hollmann）於一九九〇年進行聽打與編輯。

此外，創古仁波切也於一九九一年一月份的尼泊爾南摩布達研討會上，再度給予關於帝洛巴的開示，當時南摩布達研討會正在進行佛陀誕生聖地藍毗尼（Lumbini）的朝聖活動。仁波切這兩次課程的開示，各有不同的著重點，因此，我們便將它們彙編爲目前的內容，同時也加入一些註解以求內容的清晰與完整。

克拉克．強森博士（Clark Johnson）

南摩布達出版社

第一部

帝洛巴大師的生平

帝洛巴大師①與金剛總持佛

1 聖者行傳簡介

一位大成就者、或是任何偉大上師的修行傳記，在藏文中被稱爲「南塔」（*namtar*），意思是聖者的行傳，或是證悟的故事。聖者行傳不只講述此人出生的時間、地點、以及其它生平的細節，更是描述出讓此人獲得證悟的種種事蹟。

聖者行傳描述一個人如何開始修行之路，如何親身實踐佛法，透過什麼樣的方法來獲得證悟，而他所獲致的證悟又是如何利益到其它眾生。由於聖者行傳講述的是由一切痛苦中解脫的故事，因此「南塔」中的第一個字「南」，是「完全」的意思，而第二個字「塔」是「解脫」的意思。

在這些大成就者的傳記中，鮮有偏於世俗的描述，例如他們所穿的衣服、所吃的食物、以及所去的地方等等。原因在於，這些傳記的主要目的是要藉由一個實際修行成佛的楷模，教導佛弟子應如何修持佛法。

許多人說，藏人的故事與聖者行傳，只講大成就者好的行持和功德特質，而壞的一面一概不提。著有西藏早期歷史《白史》（*White Annuals*）的西藏作家安多・更敦・群培（Amdor Ganden Chophel）指出，的確有些藏人的故事與聖者行傳粉飾上師的缺失而不全盤托出實情。這確實道出了幾分事實，但是聖者行傳的目的，是要讓學生去發現什麼是修持佛法、禪修是怎麼一回事、而偉大的成就者又是如何展現他們的慈愛與悲心。聖者行傳的目的是爲啓發學生，這也就是只講述上師所有美好的功德特質而避開其缺失不談的原因了。

西方學者問道：「我們又如何把這些傳記當眞呢？」沒有出生的時日，沒有眞正的地名，也沒有關於這個大成就者一生的其它詳細內容。他們所言極是，但是爲什麼我們需要知道這些人生活在哪個年代呢？帝洛巴可能是第十五世紀的人，也可能是第七世紀的人，但有誰眞的在乎呢？反正帝洛巴不是一般的凡夫俗子。帝洛巴與那洛巴是將大手印教法與那洛六法[②]帶給全西藏的人，而且現在全世界的人也都有機會接觸這樣的法教，我們謹記的是他們的大恩大德和心血。

佛陀所給予的經教與密續的開示，多達八萬四千種法門；他以一種極度廣大的方式，將完整的成佛之道教授給我們。但是，我們若試圖去研讀所有的經教與密續，想從中粹取其精華並找出實際修持之道的話，將會是非常困難。然而，偉大的成就者帝洛巴已將經教與密續的精髓提煉出來，並且還確實講解了修持的方法。打個比方說吧，就好像我們來到了高山上的森林裡，我們也許知道林中充滿了許多的藥草；但是除非我們能知道哪一株植物是藥草，還有它所能醫治的是什麼疾病，否則光是知道林中有藥草仍然是毫無用處的。

編按：註號○為英譯註；●為中譯註。

①帝洛巴大師手中拿著一隻魚的畫像，是根據那洛巴初遇帝洛巴的故事情節而來。那洛巴剛開始尋找帝洛巴時，並不知道帝洛巴在哪裡，他只是按照所授記的預示所言，去尋找這位他的上師。他只知道帝洛巴在東印度的某處，名字可能是帝洛、或是帝洛巴，至於帝洛巴的長相、乃至於帝洛巴確切的住處，他一概不知。因此，為了尋找帝洛巴，那洛巴遭遇到了很多的困難。

那洛巴在吃盡了苦頭後，卻仍毫無斬獲。一天，他風聞帝洛巴住在某一個地方；在他趕到這個地方後，便詢問當地的居民大成就者帝洛巴是否就住在這裡。居民回答他說，他們從來沒聽說過什麼大成就者帝洛巴，不過離這裡不遠處倒是有個乞丐帝洛巴。那洛巴一聽大喜，因為他知道像帝洛巴這麼偉大的成就者，是極有可能過著乞丐的生活。

當他第一次跑去見帝洛巴時，看見帝洛巴坐在那兒，身邊是一大落抓來的魚。帝洛巴手裡拿起一隻隻的魚，一彈指便將魚的神識遷出魚體，解脫進入法界體性之中；之後，便把魚吃掉。這個場景，不僅是歷史上帝洛巴較為著名的神通示現中的第一個，同時也是那洛巴第一次親見帝洛巴；因此，為了紀念這個故事，傳統上在畫帝洛巴時，會將他畫成為手中拿著魚的帝洛巴。【創古仁波切】

②那洛巴傳授給馬爾巴的六項修法，分別是拙火瑜伽、幻身瑜伽、夢瑜伽、光明瑜伽、遷識瑜伽，以及中陰瑜伽。

帝洛巴與勝樂金剛

帝洛巴（西元九八八～一〇六九）是勝樂金剛③的化現。他無誤地修持佛法，並且獲致圓滿的**證悟**。帝洛巴無能親見釋迦牟尼佛④殊勝的化身，因為釋迦牟尼佛早在數百年前就已涅槃。但是，佛的法身所盈溢的不可思議慈悲力，仍然為所有眾生持續不斷地化現。佛陀的法身、以及報身的慈悲，仍然為了利益一切眾生而延續著。帝洛巴對法身有直接的體驗，並且直接由金剛總持佛⑤獲得了修行的精要口訣。

由於遮障與惡業的因素，眾生無法直接看到勝樂金剛的本來形象。為了讓眾生能看得到他，勝樂金剛化現為不淨的平凡眾生，投生到人道當中，以方便教化眾生解脫之道。無庸置疑地，帝洛巴就是勝樂金剛的化現⑥。如果說，化現到人道當中的勝樂金剛不依止某位老

③勝樂金剛、金剛瑜伽女（金剛亥母），以及四臂觀音等等本尊，並不是如同眾生般的生命個體；理解祂們的最好方式，是視之為法性，也就是空性的完全廣褒狀態，充滿了上師的智慧，並且具有巨大的力量與光明。此光明的本質即是悲心，而此巨大的力量就存在於完全平等且廣大空性的法性（諸法實相）當中。這個力量並沒有受任何思維驅策的意圖或目的，藉著眾多不同的化現來利益眾生；可以化現為勝樂金剛、金剛亥母，或是國王、動物、王后、亦或乞丐。此光明與悲心的力量不用這樣去思維決定：「我將如此這般地化現，以便利益這樣或那樣的人。」就只是自然而然地任

運化現。我們可以這麼去看待本尊的本質：本尊是從佛性的光明與悲心的力量當中生起；而佛性是空性，也就是法性本身。【創古仁波切】

④完全證悟的衆生被稱之為佛，其化現或展現一般所理解的就是法、報、化三身。法身是證悟本身，具有無參照之緣會的智慧，只能被同樣完全證悟的衆生所經驗。報身，又被稱為受用身（Enjoyment body），化現於淨土，只能被具足聖理量的菩薩所看見。化身，正如釋迦牟尼佛一樣，可以被一般衆生所看見，佛的化身為了利益衆生，也會化現為任何種類的衆生、或是相對世界中的任何顯相。歷史上所記載的佛陀——釋迦牟尼佛，生於耶穌誕生之前，為西元前四世紀的人。

⑤金剛總持佛：在提到大手印傳承上師時，有清淨法身的上師、間接傳承的上師，以及直接傳承的上師等等分別。間接傳承的上師以釋迦牟尼佛為首，由證悟的大師與弟子們一路不斷薪火相傳，一直到大寶法王噶瑪巴。我們將這條法源稱為間接的傳承法脈，因為它一代接著一代溯及釋迦牟尼佛。（中譯註：第十七世大寶法王　鄔金欽烈多傑將以往漢譯為「金剛總持（佛）」更譯為「持金剛」。）

同時，大手印傳承還有直接的法脈。這條法脈以金剛總持佛為首，祂先將大手印傳授給大菩薩羅卓仁欽（Lodro Rinchen），之後又傳給帝洛巴、那洛巴等。這個時候，史上記載的釋迦牟尼佛，亦即其所化現的悉達多太子，業已入滅；因此，通過這條金剛總持佛法脈而獲得大手印法教的大成就者們，他們是在釋迦牟尼佛涅槃後，直接從金剛總持佛那兒領受到法教的傳授。所以說一開始，這些大成就者們是經由間接的法脈，領受了佛陀所說的法與佛陀教法的傳續弟子的教導，並加以實修。由於他們修持所獲了悟的關係，諸佛便直接向他們示現，但不是以悉達多太子這樣的化身，而是以金剛總持佛的報身而示現。金剛總持佛是一切佛的總集，祂既是當前佛，也是超越時空的佛。

以這樣的方式，金剛總持佛得以直接向一些大成就者們傳法；這些大成就者必須是已對自己的上師所傳的教法有一定證悟的人，而他們的上師所持有的法教仍是源於釋迦牟尼佛。如此這般地，大手印傳承與其它金剛乘傳承，除了有間接的法脈之外，同時也有直接的法脈。【泰錫度仁波切】

⑥帝洛巴與噶舉傳承其它持有者如馬爾巴、密勒日巴的不同之處，在於他是勝樂金剛的真正化現，因此有親見總持金剛佛的直接體驗。相反地，馬爾巴是一個透過修行而證悟的凡夫。即便如此，帝洛巴宥於受業力羈絆的身體，仍然有其生理上的限制。另一個例子是大鵬金翅鳥，雖然天生有可以飛翔的翅膀與能力，但仍然宥於蛋殼的禁閉，也只能夠在業力牽引下而受生的蛋殼毀壞之後，才能展翅高飛。【創古仁波切】

師，也不修持某項法門，或是追隨某個傳承的話，人們會說：「喔！這個人肯定是從其它地方來的，我絕對不可能像他一樣。」這樣人們是不會去修持佛法的。因此，勝樂金剛化現為一個普通的人，然後領受所有的修行口訣，並且如法地修持，最後達到證悟。這即是勝樂金剛的化現幫助眾生的方式。

在印度，偉大的成就者帝洛巴修行佛法，最後獲得究竟的證果，並且將大手印與那洛六法的精要口訣帶給這個世界。這些法教由他直接傳給了那洛巴，再由馬爾巴傳到西藏，並且在西藏弘揚興盛。即便是到了一千年後的今天，這些同樣的法教仍然持續向世界各地傳播，並且傳遞到了西方國家。這昭示著大成就者帝洛巴的大慈、大悲與大力。

馬爾巴大譯師主要是由帝洛巴的弟子那洛巴處，獲得大手印與那洛六法的傳授。馬爾巴所領受到的這些法教，是透過喜金剛密續而獲得的，更確切地說，是屬於勝樂金剛本續。在勝樂金剛的壇城中，馬爾巴以勝樂金剛之態而獲得方便（upaya）精髓，以金剛瑜伽女（亦名金剛亥母，Vajrayogini）之態而獲得智慧精髓；方便與智慧雙運的壇城即是勝樂金剛本續的基礎。在這些密續修持中，當我們觀想自身為喜金剛或是勝樂金剛時，我們即是在做生起次第的禪修；而那洛六法的禪修則是屬於勝樂金剛本續的圓滿次第。

2 帝洛巴的童年

帝洛巴在西元九八八年出生於東印度。在他仍然是個小男孩時，就具有極度的悲心、慈心與愛心。他是個牧牛童，無憂無慮地在森林中玩耍。一天，偉大的龍樹菩薩①正好在附近散步。靜觀中，龍樹菩薩意識到這附近有個人，他將是一個堪受金剛乘大法的理想法器。正這麼尋思著，龍樹菩薩便朝著村鎮與河流之間的方向走去，而這個地方剛好是帝洛巴看管水牛的所在。龍樹菩薩想要過河，卻故意裝作不知道從哪裡過河；他走到一個水流洶湧湍急的地方，假裝他就要走進狂怒的河中了。這時，帝洛巴向他跑來，說道：「我能揹你過河。你不需要害怕或擔憂。」龍樹菩薩當下就看出，這個孩子所具有的特質足以開展出強烈的虔敬

①一般公認，中觀學派的鼻祖龍樹菩薩是西元二世紀人，帝洛巴則是西元九世紀人。但是，大成就者有別於一般人，他們可以出現在任何時間與地點。【創古仁波切】

與慈悲，還具有大勇氣與大精進的潛力，於是，龍樹菩薩同意讓這個孩子揹他過河。雖說龍樹菩薩是個成人，而帝洛巴仍然是個孩童，但是龍樹菩薩運用神通力讓自己的身體變輕，使男孩能夠輕鬆地將他揹在身上。

帝洛巴揹起了龍樹菩薩，正當他們走到河流中央時，龍樹菩薩以神通力讓河水高漲，狂暴的河水幾乎要將男孩沖走，而當河水正要將男孩滅頂時，年幼的帝洛巴並沒有這麼想：「喔！我犯了一個錯誤，我們不該這麼做的。」他反倒生起了堅定的意志，一定要渡河到對岸，絲毫沒有畏懼。

龍樹菩薩爲了更進一步考驗他，便驚呼道：「一切都完了！我們就要死了！沒有任何可以抓住的東西，我們永遠到不了對岸啊！」帝洛巴卻生起更大的決心，告訴龍樹菩薩：「只要緊抓著我的脖子就好，我可以帶你到對岸。不要擔心，我們會成功的。」這時，龍樹菩薩看到帝洛巴所具有的大勇與巨大的潛力，確實是一個能受持一切佛法的絕佳法器。

還有一次，龍樹菩薩再度到那附近旅行，正好撞見年幼的帝洛巴在扮演國王。帝洛巴坐在樹下，幾個女孩扮演他的王妃，四個孩子當他的內臣，其它孩子當他的外臣，二十五個孩子扮演他的人民。見到這個情景，龍樹菩薩微笑地走向他們。帝洛巴一看到龍樹菩薩，馬上從座位上跳起來向他禮拜，問道：「您安好嗎？在旅途上有遇到困難嗎？」龍樹菩薩說道：「我有方法可以讓你變成一個國王。」年少的帝洛巴回應：「哇！請您一定要告訴我這個方法。」

之後，龍樹菩薩花了七天的時間聖化一個特殊的寶瓶。他在一張紙上寫下了國王的名字、王妃們的名字、國王所需要的大臣們，以及這個王國應該要有的金銀財寶等等，然後裝入寶瓶內。龍樹菩薩將寶瓶交給帝洛巴，說道：「對這個瓶內說三遍：『我將成爲國王』。」帝洛巴拿過寶瓶，放到嘴邊，往寶瓶內大喊三次：「我將成爲國王！」

結果，該地區的國王突然間對他的王國感到極度的厭煩，而決定將王國捨棄，轉往別的地方。這是由於龍樹菩薩與寶瓶的加持使然。而且，除了國王以外，沒有其它的人知道這個念頭。有一天，國王易裝爲一個普通老百姓，然後自己就走了。

王國中有一頭最不尋常的大象，牠具有神通，並且能夠預測王國中即將發生的事情。比如說，如果受到任何敵人的威脅時，這頭大象就會刨起土壤，四處扔投；當王國將受到某種瘟疫的威脅時，牠就會哭號，淚眼潸潸；若是王國有喜事，牠就會跑進附近的公園，採擷花朵散佈各處。這頭大象同時還負責決定未來的國王。牠會以象鼻舉起一只冠狀的瓶子，然後將瓶子放在下一任國王的頭頂。

王國中沒有太多人注意到國王的消失。一天，這頭大象拿起了這只用來冊封國王的瓶子，步出王宮向森林走去。這時，年少的帝洛巴正在林中玩著扮演王朝的遊戲。所有的大臣與百姓緊緊跟隨在大象後面，彼此耳語著：「怎麼回事？我們的國王要死了嗎？還是整個王國要毀滅了？」他們跟隨著大象來到這群孩童中間，大象將瓶子放在帝洛巴的頭頂上。百姓們完全地信任大象的決定，於是大家便把這個年幼的男孩帶回王宮，讓他坐上鑲著寶石的王座，將他冊封為國王。

一開始大臣們就對年幼的國王有所質疑，一段時日之後，人民也生起了疑竇，不把這個年幼國王的命令當一回事，懷疑他只是一個普通人，認為大象在選擇國王上犯了錯誤。因此，帝洛巴向龍樹菩薩求援。龍樹菩薩指示他騎著大象，一隻手拿著劍，到公園裡摑打樹木，命令這些樹木出征。帝洛巴照著龍樹菩薩的話去做，他摑打園中的樹木，樹木變成了戰士，他們摩拳擦掌準備好要上戰場。大臣與百姓看到此景，心想：「噢！這是一位具有不可思議福德的偉大國王。」便迎請他回王宮，真心誠意地接受他為國王②。

另外一次，有一大群看似波斯人的商人，向帝洛巴的王國所在的城市靠近。他們騎在馬背上，穿著普通商人的衣著，隨行駝獸的背上揹著大大的包裹。王國內的大臣與百姓看見他們接近，但不疑有他。孰料，他們其實是喬裝爲商人的波斯戰士。他們一抵達王國的城門口，即刻跳下馬來，打開他們的行裝，穿上所有的鎧甲，準備向城市進攻。

這時，所有城民都懼怕一場大戰的來臨可能會將他們通通毀滅。但是，帝洛巴卻告訴他們：「不要怕！看我的。」帝洛巴披上他的斗篷，一隻手拿著一根上面有著圓球的棒子，另一隻手拿著劍。他站立在節節逼近的波斯軍隊前，從斗篷當中發射出不可思議耀眼的光芒，所有波斯戰士無法向他逼視。接著，帝洛巴高舉起手上的劍，然後大力地揮動著它，直至許多戰士由劍中飛舞而出，把波斯軍隊完全地嚇跑了。從此以後，大臣與臣民便對他們的國王極度心悅誠服、歡喜雀躍。

第二章帝洛巴的童年到此告終，它告訴我們一個貧窮的牧牛童如何成爲一個國王的故事。同時也告訴我們，修持佛法並不一定要變成窮人或是苦行者。

②神通的示現，例如把樹木變成了戰士等。神通生起於認證到「萬法為無生且虛幻」的禪定。只要是利益眾生之所需，任何神通變化都能由證悟空性的禪定中生起。【創古仁波切】

3 帝洛巴厭離輪迴與會遇上師

任何一位大成就者的外在行爲有三個階段。第一階段是「普賢行」，第二階段是「降伏煩惱行」，第三階段是「遍勝十方行」。一位大成就者將逐一地經歷這些階段。

第一個階段稱之爲「普賢行」，這是因爲初學者必須練習的是極度的祥和與平靜，戒慎地看管自己的一舉一動，爲此要有高度自我控制與高尚的行爲。初學者如法地修持這個階段的行止後，必定能在修行道上有所長進；到了一定程度後，就必須進入第二個「降伏煩惱行」的階段，藏文稱之爲「獨秀」（*dul shug*）。第一個字「獨」是降伏、征服之意，對象指的是我們的煩惱，特別是一個人的傲慢，必須要在這個階段中完全地降伏。第二個字「秀」意思是「進入」，此時我們實際上要讓自己處於那些通常會引發煩惱如貪瞋等等的情境中。在第一個「普賢行」階段，初學者要避開這些情境；但是在第二個「降伏煩惱行」階段，修行者則刻意尋求這類的情境，因爲要降伏傲慢、瞋恨等煩惱，修行者必須面臨這些煩惱，必須讓自己處於會引發這類煩惱的情境當中，才能夠修持降伏煩惱行的方法。第三個階段「遍勝十方行」是完全無懼的最終展現，是對於任何所行所爲，完全沒有任何禁抑，就好比無懼地騎在一頭發怒的母虎背上。這個階段是一個人證悟的最終展現。

因此，在修持金剛乘的一開始，我們先從「普賢行」階段起步，然後逐漸地朝「遍勝十方行」的最後階段邁進。做爲一個初學者，我們必須從「普賢行」階段開始，直至眞正的智慧與證悟生起，並且成爲我們穩定的體驗爲止。我們不能一開始就修持「降伏煩惱行」階段的行爲，例如穿戴著骨飾，然後行爲舉止像瘋子一樣。這些是在我們經歷不同修行階段之後，才能去做的修持。

因此，帝洛巴從「普賢行」階段開始修持，持守比丘戒，並且非常精進學習。故事後來的演變是這樣的：帝洛巴捨棄了國王的生活，變成一個比丘，進入小乘佛法修行。這是帝洛巴在當國王時所發生的事情；當時他對輪迴產生了極大的厭惡，在將自己的兒子冊立爲王位繼承人後，他便離開王國，來到了一個叫做索馬普里的墳場。那兒有一間寺廟矗立在自然湧現的黑嚕嘎形象上，在當時是佛教與非佛教徒的聖廟。帝洛巴受俱足比丘戒，在索馬普里住了很長一段時間，精進修行。

帝洛巴修持金剛乘之始

一天，帝洛巴在修持當中，看見一個又老又醜的老太婆突然出現在面前，他的修持因此而中斷。她有著藍灰色的膚色，黃色的頭髮。她出現在正在研讀《般若經》的帝洛巴面前，打斷他的研讀，對他說：「你想瞭解並且直接經驗《般若經》的意思嗎？」這時，帝洛巴認出她其實是一位眞正的空行母，便答道：「是的，我想瞭解這部經的意思。我想要直接了悟它。」空行母告訴他：「雖然你所研讀的是佛陀純淨圓滿的法教，但是想要證得果位，必須經歷很多的磨難，並且要多生多世地行持善業。這條修行道有許多障礙，不易行走，所花時間也多。我所要教給你的，是屬於果續的教法。依此修行，你能夠一生、三生、至多七生之內就獲得成就。這個法門容易修，障礙也少。現在我要引介你進入密咒乘①。」

說完，在帝洛巴面前的虛空當中，空行母將自身轉化爲勝樂金剛的壇城，並且授予他此法門生起次第與圓滿次第的精要口訣。在生起次第中，行者觀想自身爲本尊，以破除對粗略與世俗表相的煩惱執著。但由於有可能會對本尊產生執著，因此，空行母也教授帝洛巴圓滿次第的精要口訣，也就是如何將壇城中的越量宮融入本尊，本尊融入種子字，然後將種子字消融入空性當中。依靠著這兩項精要口訣，帝洛巴獲得了一定程度的了悟，空行母便對他說：「現在，捨棄你的比丘戒，然後裝瘋賣傻，秘密地進行你的修持，這樣就沒有人知道你在做什麼。」接著她便消失在空中。這位賜予帝洛巴灌頂與口訣的空行母就是卡波桑莫（Karpo Sangmo）。

之所以要行「降伏煩惱」階段的裝瘋賣傻，是爲了要在逆境中試煉一個人的禪定功夫，例如被關進監牢、被打、被搶等等，而刻意把自己放置在這樣的情境當中。將禪定本身與這些違緣的經驗兩相結合，以便能夠經驗到自己禪定的力量，這是剷除煩惱概念極爲有效的方法。

帝洛巴的故事匡正了一般人的誤解，認爲不需要一位老師，自己就能獲得證悟。帝洛巴拜了一位空行母爲師，這也就是爲什麼馬爾巴在這段帝洛巴的傳記中下註解：「帝洛巴獲得偉大的空行母卡波桑莫的加持，她賜給了帝洛巴四灌頂。」

①「密咒乘」為金剛乘的別名。

四灌頂

空行母卡波桑莫授予帝洛巴的四個灌頂中，第一個灌頂是「寶瓶灌頂」或「瓶灌」，指出一個人的**五蘊**本質即是**五方佛**。寶瓶灌頂有五個部分：不動佛的寶瓶灌、寶生佛的寶冠灌、阿彌陀佛的金剛杵灌，以及不空成就佛的鈴灌，毗盧遮那佛（大日如來）的名灌。經由寶瓶灌頂的這五個部分，行者就可以認出五蘊即是五方佛。

第二個灌頂是「秘密灌頂」，或稱「密灌」，透過實際喝下具有療效的甘露而達成。飲下在灌頂法會中提供的甘露，身體氣脈中的糾結阻塞、以及體內的能量得以疏通或釋放。因此，行者會感到體內能量的流動極爲通暢。這是體內氣、脈、明點的灌頂，特別是密咒本身的灌頂。

第三個灌頂是「智慧灌頂」，或稱「第三灌」，行者實際地經驗到大樂。藉由對大樂的體驗，行者認出大樂與自心本質之不可分、是空性的。因此，行者獲致「樂空」的體驗，或稱之爲「譬喻智」（藏：dpe'i yeshes），或可說是「樂空本智之譬喻」（藏：don gyi yeshes kyi dpe）。

第四個灌頂是「句義灌頂」或稱「詞灌」，解釋眞如智慧之本身。此四灌被稱之爲「成熟灌頂」。因爲受到此四灌時，行者尚未成就所有的次第，因此並不是說從此不用再修持。反之，成熟灌頂應該被視爲具有象徵意義的灌頂，代表著它最終會引致果位的成就。所以，對於能夠接受到灌頂，應該感到非常地幸運，而經由進一步的修持，便能讓這些灌頂眞正契入對灌頂涵義的完全證悟。

帝洛巴會遇瑪唐吉

經過一段長時間的修持，帝洛巴發現自己的修行已無法再進步，於是便決定到南印度，再去找龍樹菩薩。途中他經過一處叢林，看到林中有一間美麗的稻草屋，心想是誰住在裡面。結果發現裡面是一個瑜伽士，沒有食物、餐具，也沒有衣服。帝洛巴問他：「你在這兒做什麼？」瑜伽士回答：「我正在傳授乾闥婆（聞香爲食的精靈）佛法。是偉大的龍樹菩薩親自叫我這麼做的。我這裡可什麼也沒有。」帝洛巴接著問：「誰供你食物呢？」他回答：「林中的精靈和仙人帶食物給我。」帝洛巴詢問：「你叫什麼名字？」「我名叫瑪唐吉。」

瑜伽士回答，然後告訴帝洛巴，龍樹菩薩已不在世間而進入涅槃了。

帝洛巴請瑪唐吉收他爲弟子，瑪唐吉接受了他。接著，瑪唐吉化現爲密集金剛的壇城，並且授予他此密續生起次第與圓滿次第的精要口訣。帝洛巴由空行母卡波桑莫處所獲得的勝樂金剛密續，是屬於母續的教法；由瑪唐吉處所領受的，則屬於父續的教法。父續與母續之間的基本差異在於，母續著重於圓滿次第，較倚重自心本性當中空性的層面；父續著重於生起次第，較倚重自心本性中的明性。按照瑪唐吉的指示，帝洛巴完全獲致了生起次第的成就，已經幾乎能夠面對面地親見本尊了。帝洛巴已然獲得了生起次第的智慧，而現在即將完全達到圓滿次第的成就。但是，帝洛巴認爲他需要更進一步的口訣，於是便離開了南印度前往印度東北部，在那兒他找到了那波巴大師。由那波巴處，帝洛巴再度得到了勝樂金剛的灌頂，之前他曾經從卡波桑莫處領受過一次。勝樂金剛的傳承有三個，一個來自魯易巴，第二個來自那波巴，第三個來自直布巴。帝洛巴所獲得的勝樂金剛是來自那波巴的傳承，而那波巴則成爲帝洛巴的第三位老師。

帝洛巴由那波巴處獲得了一切的精要口訣，並且完全成就了圓滿次第的修行。此時，他已經完全精通生起次第與圓滿次第的修持，但是仍然尚未了悟究竟的見地。因此，他離開印度東北而前往西印度，在那兒他遇見偉大的成就者拉拉巴，領受了大手印的精要口訣，特別是心髓三輪②的教法與口訣。

就這樣，帝洛巴造訪了印度的四個方位，成爲四位大成就者瑪唐吉、拉拉巴、卡波桑莫、以及那波巴的弟子，並且獲得了所有母續、父續、以及大手印的教法。帝洛巴不但獲得了這些教法，而且還精進修持到對之完全精通。

接著，帝洛巴獲得瑪唐吉進一步的指示：「你現在必須持續禪修顯相與自心的**眞如**（suchness）❶與本質。爲達此目的，你必須找些事情來做。由於你之前是個國王，還帶著某種階級傲慢的痕跡，而這個必須徹底去除。」瑪唐吉命令帝洛巴去做榨麻油的工作，用力搗碎芝麻來取油，這是低下的種姓才做的工作。

---

②「心髓三輪」（藏文：nying po kor sum）事實上是《大手印密續》（*The Mahamudra Tantra*）的主要標題。

❶真如：指的是事物的實際真相，或稱之為「實相」。事物的實際真相超越任何語言概念的詮釋，唯有透過直接的體驗才能真正地瞭解。因此，將此「不可說」的真實，權宜地以「真如」一詞、或者以白話的「如此這般」、「就是這樣」來代表。例如，以對蜂蜜的瞭解而言，縱使我們可以有許多對蜂蜜的詳盡分析與描述，但是仍然無法讓我們瞭解到蜂蜜的滋味、蜂蜜的真如，只有透過直接地品嚐，才能夠知道蜂蜜的滋味。同樣地，對萬法真如的瞭解，也只能透過直接的經驗而得知。

更有甚之，瑪唐吉告訴帝洛巴，在東印度一處名爲孟加拉的地方，有一位非常神聖的國王，他並非是普通人，而是瑪唐吉本身的化現。這個國王加持他的國土，使得任何在他的國境內修持禪修的人，都能夠在修行道上快速進步，獲得極其殊勝的結果。瑪唐吉並告訴他，王國中，有一個叫哈瑞奇拉的小鎮，鎮上有一個市集與一戶妓女院，帝洛巴必須當院中一名妓女的皮條客兼侍者。瑪唐吉解釋道，這是因爲帝洛巴已經到了開始修持「降伏煩惱行」的階段了。在內在禪定的支持下，外在的行爲不只是一項禪修的練習，而是透過這項低賤的工作，來徹底摧毀帝洛巴尚存的傲慢。瑪唐吉還解釋道，帝洛巴若是能如此依法修行，他將能夠得到完美的悉地③，並且利益許多眾生。

於是帝洛巴言聽計從，動身前往東印度的孟加拉，完全遵從上師瑪唐吉的指示：白天研搗芝麻榨取油，晚上服侍妓女達瑞瑪。在做這些外在活動的一切時候，他的心完完全全處於眞如的禪定當中。

這樣修持了十二年，帝洛巴獲得了證悟。周圍的人開始看到他展現出各種神通變化。有人看到他周圍伴隨著十四盞酥油燈，如一團火球般地飛過天空。有人看到他如瑜伽士般地坐在攝人的光芒之中，女眷與空行母圍繞著他，向他繞行頂禮。還有其它人看見他坐在光芒當中，如比丘入定。看見這些神奇變幻的眾人，開始向達瑞瑪轉述帝洛巴的變化。達瑞瑪聽了極爲震驚，決定出門一探究竟。結果看見帝洛巴就在自己面前的空中，光芒四射，右手拿著研搗芝麻的杵與臼。達瑞瑪悔恨交加，向帝洛巴懺悔，不知道原來帝洛巴是這麼一位聖者，這些年來自己還把他當做是侍者，對他頤指氣使。她向帝洛巴表達深深的懺悔。

帝洛巴告訴她：「這不是妳的錯。妳並不知道我是個大成就者。事實上，我之所以能獲得一切成就，是因爲有妳。我必須當妳的侍者以獲得證悟。妳並沒有造惡。」達瑞瑪聽了之後，對帝洛巴產生了極大的信心。接著，帝洛巴手上拿著一朵花，走到她的面前，將花放在她的頭頂上加持她：「願我所有的體悟與智慧，於此當下，在妳的心中生起。」由於達瑞瑪與帝洛巴的深厚因緣，當下她便有了了悟的殊勝體驗，並且成爲了一名瑜伽女。旁邊圍觀的人無不又驚又喜。事情很快地傳到了國王的耳中，國王以其威嚴華貴之姿騎著大象，來此查看虛實。當他走近時，他發現帝洛巴與達瑞瑪飄浮在半空中，高度有七倍芭蕉樹那麼高。

---

③究竟、無上的悉地（成就）指的是，對於心光燦的明性或明光，以及對於萬法實相或所謂圓滿證悟、佛果的穩固了悟。相對的成就指的是慈悲、聰明才智、智慧洞見、世間神通、得到護佑、障礙淨除、健康、長壽、財富，以及攝受眾生等功德。【喇嘛札西南嘉】

帝洛巴的證道歌

於是，帝洛巴便向國王以及在場的民眾，唱了一首證道歌④，傳授了一切他所獲得的母續、父續、以及大手印的精要口訣。證道歌，梵文稱爲「兜哈」，是藉譬喻而唱出的修證之歌。在歌中，帝洛巴先解釋道，每個人都知道芝麻當中有芝麻油，但卻不知道如何將它粹取出來。若不知芝麻必須經過研搗、擠壓、烹煮才能榨出油來的話，仍然得不到純正的麻油。

這與修行上的證悟很類似，麻油就像是我們自心本俱的智慧一般。這裡所講的自心本性超出了中觀自空派⑤與唯識的範疇。基本上，中觀自空派指出心的本質事實上就只是空性。中觀他空派類似於大手印的見地，亦即還有一個心的實際體性是內俱、本初的智慧（此智慧可透過修行而獲得認證與體現）。就其它較低階的宗派而言，所要證悟的內容與此一致，但是所修的法門是透過逐漸次第的禪修，並且逐步地加深其見解才得到了悟。在大手印而言，光是聽聞上師的解說，並且被指出心的本質是無生、本俱而任運之智慧的口訣時，了悟即可生起。這是因爲認出了自心本性時，所有煩惱的偏見即刻崩潰瓦解爲覺性本身，行者當下即直接獲得大手印的了悟。這即是此「芝麻中有芝麻油」的意思。

接續著這個比喻，還有「如來藏」（*tathagatagarbha*）一詞，經教傳統稱之爲「佛性」，大手印傳統稱之是「本初智慧藏」。一切眾生皆有佛性，但就好像是若不知道榨油的方法，我們便無法粹取出芝麻油一般，同樣地，若是沒有具格上師的指導，我們也不可能證悟大手印無生的本然智慧。上師指出心性的方式可以有許多種。有些上師是只是透過言語的解釋，並說道：「你的心便是大手印」來指出心的眞實本質；有些上師則是透過符號或是手印；還有些上師是經由極爲特殊的方式來爲弟子指出心的本質：例如帝洛巴是拿著涼鞋，朝著那洛巴的臉上打去；那洛巴在空中示現出本尊的壇城，來爲馬爾巴指出心性。雖然說指出心性的方法有很多，但是絕不可能在沒有上師的指示下，就能夠了悟此本俱的智慧。

帝洛巴接著唱出：「經由對自心本性之神奇了悟，一切經驗與覺性變得不可分；因此，一切顯相與自心變得不可分。這太美妙了！嗟乎！多麼美好，這是眞的！」在道歌的結尾，

④這首道歌收錄於《智慧之雨》英文版第126-128頁，香巴拉出版社一九八〇年出版。

⑤藏人將中觀學派區分為兩大分支：自空派與他空派。自空派強調諸法空性的本質，以駁斥「將一般事物視為實有」的執著；他空派則強調明性或是佛性，以駁斥「將空性視為一無所有或空空如也」的見地。

他解釋道，所有一切了悟當中，此最簡單、最美好的了悟，是任何其它修行的方式都極難理解的，倘若經由其它較低階的傳統，可能要花上很長的時間才能得證。

佛性無生的本初智慧，可以透過分析或是直接的方式來證悟。就分析的方法來說，噶舉傳承是以中觀他空派的見地來證悟佛性。但是，在證悟空性的方法上，中觀他空派與大手印中間存在著極大的差異。中觀他空派使用邏輯分析中的演繹法來揭示心的本質。例如，它會陳述「心就像是這個」等等，以描述性的覺知來解釋無法解釋的概念。大手印則是使用經驗的本身，在上師的指導下，倚靠的是對心之本質的直接觀察。這個時候，我們只是安住在心的本質當中，通過直接的經驗，完全地體驗心的本質。

4 帝洛巴領受秘密法教

帝洛巴的傳記有兩個層面：鮮爲人知的傳記，以及公諸於世的傳記。在鮮爲人知的傳記中，帝洛巴被認爲是勝樂金剛的直接化現；而廣傳的傳記中，他是世間的一個平常人，倚靠世間的上師以獲得修行上的訓練。

目前我們已討論完了帝洛巴傳記的第一部分，也就是帝洛巴會遇他的四位上師。接下來要討論的第二部分，則是關於帝洛巴對金剛總持佛的直接經驗，亦即帝洛巴在靜觀中親見智慧空行母，並且直接獲得口訣與法教的故事。

這兩部分傳記絕對沒有任何相違的地方。事實上，帝洛巴的整個生平故事簡直是不可思議。若是試著將他所經歷的事件按照某種順序整理，並且說：「在某個特定的時間，帝洛巴領受到這樣那樣的一位上師的某個法教，並在靜觀中看見了某個智慧空行母。」這樣的舉動並不明智。因爲這些故事是同時發生的，沒有時間上的先後次序。帝洛巴很可能一方面在靜觀中受到智慧空行母的直接傳授，另一方面又同時在世間尋找上師。

帝洛巴鮮爲人知的傳記一開始，說的是帝洛巴如何獲得來自鄔金刹土①秘密寶庫之智慧空行母的指示。

一天，年少的帝洛巴坐在林間樹下，一面放牛，一面自己按照當時的印度傳統在學習字母。一位智慧空行母化身爲一位又老又醜、令人作嘔的婦人出現在他面前。她問帝洛巴：「你的父親是誰？你來自哪個國土？你在讀什麼書？這些牛群又是什麼？」等等。他回答道：「我來自匝厚；我的父親是婆羅門匝爾瓦，母親是婆羅門匝爾丁巴，姐妹是匝爾撰。」他同時還回答了其它的問題，例如所看顧的牛群是他財富的來源，他讀書是爲了要學習佛法等等。

結果，這個醜老婦對他感到非常地生氣，說道：「你什麼都不知道！你所說的都不是事實！你來自的國土是西方鄔金刹土。你的父親是勝樂金剛，母親是金剛瑜伽女，而我是你的姐妹，我的名字叫帝特瑪。」然後，她接著說：「你所坐的地方位於菩提林間，你需要看管的牛群是禪定（samadhi）的各個階段，你所研究的佛法是口耳傳承不可言表的佛法，你所閱讀的佛法在智慧空行母的掌握之中。」

帝洛巴問這個智慧空行母：「我可以獲得這個口耳傳承的法教嗎？」她回答：「你自身具有三項預言中的特質：圓滿的三昧耶戒、以及你是一位證悟者的化現②。」她繼續說道：「因此，你有資格到西方鄔金剎土，要求那裡的智慧空行母將此法教直接傳授於你。不過要到那裡去，你必須有三件東西：水晶梯、寶石爲飾的橋、還有以草做成的神奇鑰匙。」

故事中所提到的物件，當然是象徵性的。例如在蓮花生大士生平故事中，曾有預言他在領受佛法上會遇到很多障礙。當時蓮花生大士想去一個稱之爲「貝域」（Beyu）的秘密國土，必須透過一個特殊的方式才能進入。秘密國土的入口處有一條水流湍急的河流，任誰也無法擺渡過河，河的岸邊有一棵無法以任何斧或劍來砍伐的樹，但在樹下方的一把水晶玻璃刀卻能夠將這棵樹砍倒。砍倒後的樹便可以跨在河上，成爲通往秘密國土的橋樑，在這個法

①這裡的「西方鄔金剎土」，指的是獲得甚深證悟、於顯相得自在的空行母與勇父所居住的極樂世界。「鄔金」指的是某種證悟的程度。但是有許多大成就者來自於印度西部某個也稱為「鄔金」的地方。另外在蓮花生大師祈請文中，有這麼一句話：「鄔金剎土西北隅」，由於這個地方很難按照字面上的意思去定位，因此這些重要的方位如西方等等，其實是非常象徵性的，然而想到象徵意義時，與實際方位也有關。【創古仁波切】

②這三項特質是：圓滿的三昧耶戒、獲得在未來得以證悟的授記，以及具有甚深的證量。帝洛巴本身做為一位證悟者的化現，也就自動滿足了第二與第三項特質。

報化三身淨土中，有著許多珍貴金屬。那些能夠將樹砍倒、通過種種考驗的高手，便能獲得此秘密國土中的各種禪定與法教。

堪布岡夏曾經寫過一篇關於這個秘密國土的論述。他提到，有些人以爲他們可以眞的找到這條無人能橫越的河，在岸邊看見這棵樹，然後把樹砍下，權充爲橋來過河。對一個積有惡業的人來說，這是絕無可能的事情。他同時也寫道，就字面上來分析，這條無人能越的河不可能存在，而這棵無法用斧頭砍斷、但是卻能被水晶玻璃刀所砍下的樹，也不可能存在。這些其實都是故事中所用的象徵性手法。無人可越的急流，象徵輪迴的洶湧之流；無法以一般方法砍斷的樹，象徵著我執之樹；我執之樹樹腳的水晶玻璃刀，象徵著智慧之刀。這些形而上的比喻，表現出佛法修持涉及了以橫越我執來跨渡輪迴之流；因爲在修行的一開始，我執是整個修持不可或缺的部分：橫越我執之樹，代表修行道的本身；而所進入的法報化三身淨土的神奇秘密國度，代表著在完成修行道後，行者可能獲得的豐碩果實。所以這裡我們可以看到，這些象徵性的故事具有很深的意義。

這裡所談到的帝洛巴的故事，我認爲同樣也是象徵性的。水晶梯象徵著了悟空性的清淨見地就像水晶一般。寶石橋象徵著禪修，因爲安住在自心的禪修就像是橋一般地不常見，而橋上鋪滿了珍寶象徵著它非常清淨。草做成的鑰匙象徵著無所執著的行爲。這裡的鑰匙之所以是由草所製成的，是因爲我們不會執著以草做成的東西。這把鑰匙，事實上，是精通體內細微氣脈明點之鑰。

帝洛巴造訪鄔金剎土

根據此智慧空行母的預示，帝洛巴請求父母准許他到鄔金剎土去。帝洛巴秉告他們，他獲得一項預示，預示中告訴他必須到西方鄔金剎土，向那裡的智慧空行母請領法教。父母親同意後，帝洛巴便來到了鄔金剎土。一開始，那裡的許多空行母對他施展各式憤怒可怖的化現，他都能夠克服她們加諸於身的所有恐懼，心裡沒有絲毫害怕，爲此，他感到很自豪。他通過重重的關卡，先是通過化身空行母的考驗，再來是報身空行母的試煉，最後來到了壇城的核心，也就是鄔金剎土中央的法身大殿。對於空行母投射在他身上令人駭然的種種經驗，他毫無畏懼地一一突破，然後進入了這個壇城的核心。

進入了壇城核心的帝洛巴，在諸佛之母（Bhagavati）、也是一切空行母之母的面前，很自在地坐了下來。帝洛巴大剌剌地直進壇城核心，沒有向諸佛之母表示任何敬意，所有的勇父與空行母爲此感到很不快，便開始喧譁鼓譟起來。諸佛之母對他們說道：「他實際上是諸佛之父。他是勝樂金剛自身的化現。就算你們呼風喚雨或下金剛杵雹，用任何方法也傷不了他。他確實有資格與我同座而不向我禮敬。」聽完這番話，勇父與空行母才安靜下來，回到自己的座位上，靜觀下面的發展。

諸佛之母問帝洛巴：「您有何貴幹？爲何來此西方鄔金剎土？」他答道：「我的姐妹智慧空行母告訴我，我應該來此地接受口耳傳承特殊而未立文字的精要口訣。我是爲此而來，請將它們傳授給我。」接著，諸佛之母做了三個象徵性的動作。第一個動作，她造了一個聖像圖卡（tsakali），這是「身」的符號；然後，她口中說出一個種子字，這是「語」的符號；之後，她打了一個手印，這是「意」的符號。

帝洛巴知道這些符號的意思，也瞭解到他必須對它們做出解釋，才能夠繼續深入。他同時也很清楚自己所要提出的請求以及如何提出。看到圖卡，他說道：「我認出這個圖卡是身的寶藏，亦即身之經驗的寶藏；我需要由法身佛金剛總持處獲得該傳承的所有法教，以便得到身的寶藏。」聽見種子字，他認出它代表語的寶藏。對於語的寶藏，他要求獲得成熟道中所有一切的法教、灌頂，以及次第的修法。看見手印，他認出這代表了心的寶藏，他要求諸佛之母傳授解脫道③大手印的所有法教。而藉由直接認出這些符號的意義，帝洛巴要求獲得成熟道（方便道）與解脫道的一切法教。

諸佛之母回答：「的確，在我『身』的寶庫內有此傳承的滿願寶。但是進入此寶庫的門，被三昧耶戒之鎖給鎖上了，那些沒有三昧耶戒之鑰的人無法進入。沒錯，在我『語』的寶庫內有成熟道的法教，那些不具有預示授記的人，所有的本尊將對他們隱蔽起來。是的，在我『意』的寶庫內有法身，涵蓋了所有立即解脫道之大手印的正確法教，對於那些未達完全成就之人是秘而不宣的。」

③金剛乘中有兩條修行的道路：解脫道與方便道（成熟道）。這兩條道路可以同時並行或是交叉運行。解脫道，我們有時稱作「無相道」，大手印也包括於其中。這類修持涉及的是心的覺性層面。方便道包括了所有密續的修持，運用觀想、持咒、壇城，以及瑜伽法，例如那洛六法或是尼古瑪六法等等。這類修法涉及的是心的能量層面。把自心受扭曲的能量適當地整合後，行者所了悟的證悟覺性，與解脫道的無相禪修所證得的果位是一致的。
解脫道的好處是過程比較平穩，而方便道的優點是較為迅速，因此，兩者之間可以是很好的互補。無論修持的是哪一條道路，沒有具格上師指導的話，都無法如法地修持，尤其對方便道而言更是具有危險性。【喇嘛札西南嘉】

我們不應該將這裡的寶庫，視爲是一間可以用鑰匙打開進入的眞正屋子。這段話的意思是說，對一個具有圓滿三昧耶戒、已經獲得在未來證悟的授記④、並且已經有了深刻了悟的人而言，精要口訣的寶藏與財富就像是大門洞開的寶庫，可以恣意取用。沒有圓滿的三昧耶戒，則無法獲得傳承祖師們流傳下來的法教；沒有被授記，則無法得到成熟道的所有法教；沒有對諸法實相之本質（法性）的直接經驗，則無法瞭解大手印。

帝洛巴對諸佛之母說道：「我的姐妹智慧空行母，給了我進入這些寶庫的鑰匙。」這句話引來諸佛之母、勇夫、以及空行母等一陣狂笑。諸佛之母好笑地問道：「盲人不能看，聾子不能聽，啞子不能說，跛子不能跑。不管你有的是什麼授記或鑰匙，都是邪魔給的，都是假的。」帝洛巴並不因這些嘲諷而亂了陣腳，反而回答道：「我擁有第一把圓滿三昧耶戒的鑰匙，因爲我已經認出了心自生的明性。我擁有第二把授記的鑰匙，因爲我已經認出了自心即是大手印，也就是諸法實相。我擁有第三把實際成就的鑰匙，因爲我已經能夠將自心完全地與法性相融，並獲得了直接而相續的經驗。因此，我完全有資格進到寶庫之內。」

諸佛之母對帝洛巴的表現大爲賞識，說道：「你是諸佛之父，你是勝樂金剛的眞正化現。你具有圓滿的三昧耶戒、授記、以及完全的成就。因此，我將賜予你來自我三個寶庫中每一個寶庫內的珍寶。」接著便對他展現來自三個寶庫內的三個珍寶。帝洛巴當下便能瞭解這些珍寶的涵義，並說道：「藉由此三個寶庫的三個珍寶，我將獲得證悟。我無所畏懼，猶如空中飛翔的鷹兀，沒有任何東西能夠障蔽住我。我是雪樂桑波（藏文意爲善智）。」後世亦將帝洛巴稱爲「帝洛巴雪樂桑波」。

諸佛之母以及所有的勇父與空行母告訴帝洛巴：「你務必跟我們一起住在鄔金剎土啊。」帝洛巴回答：「不行，我還有自己的弟子們那洛巴、睿睿巴、卡蘇日瓦等要照顧。我必須將這些來自寶庫的三個珍寶傳給他們。」說完，他便離開了鄔金剎土。有九位隱形的空行母經常跟隨著帝洛巴；她們預言帝洛巴將獲得所有的成就，並且能夠指引、幫助一切眾生。

就這樣，帝洛巴由鄔金剎土取出的法教與精要口訣，便在雪域西藏廣爲流傳。

---

④當帝洛巴說：「我有第二把授記的鑰匙，因為我已經認出了自心即是大手印。」他指的是「現前授記」（instantaneous prophecy）。「授記」的藏文發音為「龍巔」（lung ten），為「預示」之意。授記的種類通常有兩種：第一種是有人這麼預言：「某某人在將來會獲得如此這般的了悟。」另一種授記，是這個人已經有了某種直接的體驗、達到了某種程度的證悟；這就是此處所說的，獲證大手印的現前了悟，因此說它是「現前授記」。【創古仁波切】

5 帝洛巴的八個弟子

帝洛巴主要的弟子是偉大的那洛巴。但是關於帝洛巴如何接受那洛巴爲弟子，以及他如何以磨難來成就那洛巴的故事，並沒有收錄在帝洛巴的聖者行傳中，因爲這些內容在那洛巴的聖者行傳①中已經講得很清楚了。

那洛巴是一位王子，也是一位博學的學者；爲此，他極爲傲慢且自豪。爲了讓那洛巴在修行上有所進步，帝洛巴必須要粉碎那洛巴的傲慢。由於那洛巴本身已經非常聰明，並且也具有豐富的知識，因此帝洛巴並沒有直接地給予他灌頂或是法教，而是以加諸在他身上各式各樣的磨難，創造出一個能夠消弭他傲慢與驕傲的環境。

帝洛巴給予那洛巴的眞正教導，是透過象徵性的方式；帝洛巴給予那洛巴的眞正灌頂，是以象徵性的方便善巧來降伏他的傲慢。最後，那洛巴的開悟，則是在帝洛巴以鞋子迎面一記的耳光下而達成的。在帝洛巴的調御下，那洛巴的智慧與證悟就這麼自然地開顯出來。

在這部聖者行傳中所提到的八大弟子，他們與那洛巴的不同之處，在於他們並非天生就喜歡修學佛法，因此需要透過神通變幻的力量來加以降伏。

第一大弟子馬提（Marti）

帝洛巴八大弟子中的第一個弟子，他之所以成爲帝洛巴的弟子，是跟一個經常關心母親是否快樂的國王有關。這個國王問母親：「怎樣能讓您快樂呢？」他的母親答道：「將所有的大學者、大成就者、以及瑜伽士集合起來，大家來舉行一場盛大的薈供。」國王便依母親所囑而行事。但在薈供中必須要有一位主法者，大家便決定由著名而有成的瑜伽士馬提來主法，馬提也欣然同意了。這時，帝洛巴醜陋的姐妹出現了，她說：「你們選錯人了。」大家問：「那你有什麼好的建議？」「我的兄弟帝洛巴。」說完她就消失不見了。

①那洛巴的傳記與法教，邱陽創巴仁波切曾經以英文教授過，集結成書後由香巴拉出版社出版，書名為《幻相的把戲：那洛巴的傳記與法教》（*Illusion's Game: The Life and Teaching of Naropa*）。

幾分鐘過後，她帶著帝洛巴回來。於是，爲了決定誰才是最好的薈供主法者，這場帝洛巴與馬提之爭便正式展開。競技的一開始，馬提使出來的任何神通，帝洛巴與之不相上下。最後，帝洛巴讓空中的日月掉到地上，將自己身體內外反轉過來，五臟六腑全都暴露在外，在每一個毛孔中示現出完整的宇宙。這時，馬提意識到了自己無論如何都比不上這個偉大的瑜伽士，便對帝洛巴生起了很大的信心，並且要求帝洛巴傳法給他。帝洛巴接受了他，並且傳給他所請求的一切精要口訣與灌頂。自此，馬提便成爲了帝洛巴八大弟子中的第一大弟子。

第二大弟子那波荀瓦（Nagpogowa）

在這時，南印度的佛教徒遇到了大麻煩，一位多聞聰穎的印度教徒在辯論場上將他們打得潰不成軍。按照當時的傳統，辯輸的人必須放棄自己原來的法教，轉而接受贏家的信仰。因此，南部佛教徒的折損非常慘重。帝洛巴聽到消息後，便喬裝爲一個僧人往南部去。到了那裡，帝洛巴看到這個印度教徒所惹的麻煩，便對他非常粗魯，並且向他挑釁。這個印度教徒說道：「我要跟你挑戰辯論。若是我輸了，就放棄我的信仰，改信你的宗教。若是你輸了，你也必須跟我一樣。」他相當自信能夠贏過帝洛巴。但是在最後，帝洛巴贏得了辯論。於是，這個印度教徒便展現他的神通力，強迫太陽西沉。帝洛巴輕而易舉地便讓太陽轉向，停止它的西沉。當太陽恢復到正常的位置後，換成帝洛巴讓太陽開始西沉。此時，無論這個印度教徒如何使勁讓太陽回升，卻對太陽絲毫沒有任何影響。這回，他才眞正地承認自己輸了。

說時遲，那時快，帝洛巴拿出一把小刀，對印度教徒說道：「現在我必須爲你剪下一綹頭髮，因爲這是成爲佛教徒的必要儀式②。」印度教徒這個時候變得很生氣，便開始逃跑，帝洛巴則在他的後面追趕。突然間，他回過頭來，口中噴出的火焰直衝帝洛巴，帝洛巴則以更大的火焰回敬他；於是，印度教徒所噴的火焰與帝洛巴的火焰，兩股火焰合在一起回衝向這個印度教徒，將他嚴重地灼傷。至此，印度教徒那波苟瓦不得不投降，成爲了帝洛巴的第二大弟子。

②皈依時，上師會從皈依者的頭頂上剪下一小撮頭髮。這對印度教的苦行僧而言，可說是悖逆的行為。

第三大弟子魔法師

發現第三大弟子的因緣，是由於當時孟加拉地區的許多王國都非常富裕，因此受到了一個極邪惡狡猾的魔法師的攻擊。這個魔法師以魔法變幻出大批軍隊，前往南印度的各個王國挑釁；這些王國基於對戰爭的恐懼，便紛紛棄械投降。當他洗劫完一個王國，便繼續前往下一個王國，利用他的魔法來戰勝王國的軍隊。

有一次，孟加拉地區一個王國中的城市，成了這個魔法師的下一個目標。魔法師以魔法變幻成的軍隊正兵臨城下，所有的城民都感到非常地害怕，便聚集在一起商討應變的措施。

這時，帝洛巴又老又醜的姐妹出現了。她問會議中的人：「你們在幹什麼？」他們回答：「我們在商討如何對付魔法師的入侵。」她建議他們：「除非有我兄弟的協助，你們是不可能贏的。」他們接著問她的兄弟所在處，她回答：「他正在墓園中與死人共舞。」帝洛巴把屍體一一掛在一棵大樹上垂下來的馬鬃上。當然，城民不相信她的話，並認爲她瘋了。但他們最後仍然決定去一探究竟，結果看見帝洛巴的確如那個醜老太婆所言，正在林間與屍體跳舞，而每個屍體都只用一根馬鬃吊著。看到這個情景，城民相信帝洛巴具有神通力，便邀請他到城裡與魔法師對抗。帝洛巴以禪定的力量，將魔法師的魔幻軍隊全數殲滅，並且生擒這個魔法師，將他關入監獄。這個魔法師後來便成為帝洛巴的第三大弟子。

第四大弟子啤酒廠女老闆

帝洛巴的第四大弟子是位女性，在中印度經營一家啤酒廠，有一個年輕的男侍者協助她。她所釀的啤酒有口皆碑，因此變得很出名；她對自己的事業很自豪也很執著。一天，這個年輕的男侍者正好不在啤酒廠內，帝洛巴便進到廠中，將啤酒桶中的塞子一一拔掉，啤酒流了滿地。這個女老闆非常生氣，對帝洛巴非常無禮，帝洛巴接著便消失不見了。女老闆傷心地坐下，為損失所有上好的啤酒而哭泣。

年輕的男侍者回來後，聽見剛剛發生的事情，便惡狠狠地咆哮道：「我們一定得把他給殺了！」這時，帝洛巴化現為一隻貓，輕盈地上下跳躍在啤酒桶間，把剩下的啤酒塞子全部拔掉，徹底將所有的啤酒流得一乾二淨。女老闆與年輕的侍者開始追打這隻貓，但是貓兒總是能輕巧地逃掉，因為牠其實是帝洛巴所化現的。沒多久，兩個人便陷入極度絕望之中。這時，帝洛巴若無其事地溜達進來，問道：「怎麼了，你們爲什麼這麼生氣？」女老闆答道：「你毀了我的啤酒，毀了我的事業，我的生計都完了。」帝洛巴回覆道：「且慢，話可不要說得太早。看看你的啤酒桶中有些什麼東西？它們可是裝滿了更味美的啤酒喔！」她不相信，但是仍然去查看了一下。結果發現所有的桶子裡，都裝滿了更味美的新啤酒。當下，她對帝洛巴生起了很大的信心，而成爲了他的第四大弟子。

第五大弟子屠夫噶瓦（Gawa）

有一回，帝洛巴聽說了一個以屠宰動物爲生的屠夫，決定度化他爲弟子。帝洛巴來到這個屠夫的住處，看見爐上的鍋子裡正在烹煮一塊牛的下半肢，便施展幻術，將牛肉變成這個屠夫的兒子，接著就離開了。屠夫回到家，到廚房查看烹煮了一整天的牛肉，結果鍋蓋一掀開，這個完全被煮透了的，竟然是自己唯一的兒子。屠夫的心完全碎了，他是如此地傷心，以至於接下來的七天中，什麼事也做不了。

在這段期間當中，帝洛巴把屠夫眞正的兒子藏起來，然後在第七天快結束時，來到屠夫家中。帝洛巴看見正在哭泣的屠夫，便問他：「你怎麼了？」屠夫回答：「是你！就是你！是你殺了我的兒子，並且把他給煮了！現在我的兒子可死了。」帝洛巴說：「啊！做為一個父親，眼睜睜地見到自己的孩子被殺，你看看自己是多麼地痛苦啊！那些動物的父母看見自己的子女被帶走、被殘殺，難道牠們不難過嗎？」聽到這一番話，屠夫由自己的絕望中驚醒，說道：「這話說得實在是太對了！那些我所殺的動物的父母，我眞是替牠們製造了天大的痛苦。」帝洛巴說：「如果我讓你的兒子起死回生，你是不是能夠放棄做屠夫這一行呢？」屠夫答道：「當然！當然！如果你眞能讓我的兒子起死回生，我絕不再做屠夫了。」於是，帝洛巴把藏起來的孩子領出來，說道：「看！你的兒子又活了！」當下，這個屠夫對帝洛巴生起了很大的信心，向他求授了所有的法教與口訣，而成爲他的第五大弟子大成就者噶瓦。

第六大弟子歌唱家詠歎（Yontan）

下一個弟子住在印度的什那嘎惹，是一名天賦異秉的著名歌唱家，他對自己的成就感到很自豪。他由一個城鎮旅行到另一個城鎮，藉由出色的演出以獲取報酬；他很喜愛眾人的掌聲，對自己的天份感到很驕傲。

有一回，這個歌唱家正在什那嘎惹的村落賣力演出，結果帝洛巴在廣場的另一頭引吭高歌，唱得比他更優美、更悅耳，把這個最著名的歌唱家給比了下去。於是這個歌唱家與化身為另一個歌唱家的帝洛巴便展開競技。但是無論這個歌唱家唱得有多麼美妙，他總是無法超過帝洛巴。最後，這個歌唱家說道：「今天在遇到你之前，我一直以為自己是世界上最偉大的歌唱家。我想你應該是天人，或者是龍族，或是某種仙子吧。你怎麼可能具有如此美妙的歌喉呢？」這時帝洛巴恢復他原來的面貌，這個歌唱家對帝洛巴的神通變幻大感驚嘆，便要求成為他的弟子。帝洛巴同意收他為徒，並且賜予他法教與口訣，於是這個歌唱家便成為了帝洛巴的第六大弟子詠歎。

第七大弟子那噶唐噶（Nagatanga）

帝洛巴的第七大弟子是在一場辯論中被發現的。當時一位偉大的印度教學者與一位佛教學者，針對因果律在進行辯論。辯論進行了很長的時間，雙方都使出精湛的邏輯技巧。在每一回合的辯論中，印度教學者總是駁斥佛教的基本教義因果律。帝洛巴聽說了這件事情，便加入了這場辯論。他說：「聽著，你們兩人不要再辯下去了。抓著我的衣服，我帶你們去瞧瞧。」他們兩人一左一右拉著帝洛巴的衣服，才拉好沒多久，帝洛巴便帶他們來到了痛苦不堪的地獄。特別是，他們看見地獄裡面有許多裝滿了烊銅熱鐵的鍋子，鍋子裡面受到煎煮的地獄眾生嘶聲淒厲，有個獄卒在旁邊攪拌。帝洛巴問這個獄卒：「他們犯下了什麼過錯要承受這樣的痛苦？」獄卒答道：「他們是不信因果之人。由於不信因果，他們養成了諸多的惡習，造下了許多的惡業，因此投生在地獄的熱鍋裡。」印度教學者聽得膽戰心驚而懺悔道：「喔！我錯了。因果確是眞實不虛。」他看看四周，發現有一個鐵鍋中裝滿了熔鐵，但是裡面卻一個人也沒有，便問獄卒：「這只鍋是幹什麼的？爲什麼裡面一個人也沒有？」獄卒回答：「這是爲那些駁斥因果律的人而準備的。」印度教學者嚇得魂飛魄散，對於因果律再也沒有絲毫懷疑，甚至還以爲自己已經死了，並說道：「我眞的已經一命嗚呼了嗎？此際正是我投生地獄的時刻了嗎？」

接著，帝洛巴帶著手中仍然抓著他左右衣角的兩個人來到了天界③，讓他們親見天界的欲樂。印度教學者看見天人的歡樂，便問道為什麼這些人可以享受這樣的幸福與快樂？他所得到的回答是：「因為這些人修持善業，培養自身的德行，所以獲得享樂的天人果報。」旁邊不遠處有一所天宮，宮中美艷的妻妾成群，但裡面卻沒有男主人。印度教學者便問：「為什麼沒有人在這所宮中享福？」他們答覆，這些是為那些深信因果、培德行善的人的將來而準備的。至此，這個印度教學者對因果已完全信服，而成為帝洛巴的第七大弟子那噶唐噶。

第八大弟子席達倪大金巴（Siddha Nidazingpa）

帝洛巴意識到他還必須去另一個地方降伏一位巫師。這個巫師極其邪惡暴虐，喜愛以巫術來欺凌那些飽受驚嚇的弱小。他喜歡放符、施咒，並當場殺害當事人。總之，他樂於讓他人痛苦，以至於人人對他畏懼三分。

帝洛巴來到這個巫師的住處，並對他說了一些不敬的話；巫師心裡兀自高興著，因為又來了一個可以施展巫術的機會，於是，他對帝洛巴說：「我要對你施咒。」帝洛巴回答：

「請便。我不信你能奈何得了我！」於是，巫師便使出渾身解數開始對帝洛巴施咒，而帝洛巴就只是在那兒坐著，看著他變把戲。但巫咒開始發威時，巫師所有的親戚都得病死了，因爲帝洛巴將巫咒的威力迴轉到他們身上。帝洛巴對巫師說：「哈！你對我施咒，我卻連個牙痛也沒有。看看你自己的親戚，他們可全都死了。」巫師過於震驚以至於開始嚎啕大哭。

「你的巫術讓你所有的親人都死了，看看你自己是多麼地痛苦啊！」帝洛巴接著說道：「如果我可以讓你所有的親人復活，你是否願意相信我，並且不再行這些害人的勾當？」巫師發誓他再也不行巫術。於是，帝洛巴便將巫師所有的親戚都救活了。而這個巫師則成爲了帝洛巴的第八大弟子，稱名席達倪大金巴，藏文的意思是「日月之蝕」。

---

③六道輪迴中有上三道：人道、阿修羅道，以及天人道（天界）。這三道之所以被稱之為上三道，是因為這些眾生不需要受太多苦。他們所享受到的各種悅意的歡樂，源於過去所行的善業。上三道仍然在輪迴當中，其中的眾生仍然執著於對現實的妄想，尚未以「證得一切顯現皆無生」的真諦，來消融這些妄想。

天人道的眾生是如此沉迷於欲樂，以至於無心求獲解脫。與人道不同的地方在於，我們人道的眾生間或有感到滿足的時刻，但是天人道的眾生有的卻是持續不斷的欲望，以及持續獲得機會試圖滿足他們的欲望。但是，天人道也有許多學佛的眾生，他們並不完全耽於享樂，並且還能修持佛法。【創古仁波切】

第二部

恆河大手印：大手印講解

創古札西卻林寺
尼泊爾，一九九四

恆河大手印　大手印二十八金剛句

印度語云：瑪哈木札優婆提舍　藏語云：大手印口訣

頂禮吉祥金剛空行

1 大手印法固然無所示，因行苦行復恭敬於師，
能忍艱苦具慧那洛巴，如是傾注具緣爾之心。

2 譬如虛空此何依於彼，同理大手印中無依境。
無整鬆坦安住本然中，束縛若鬆解脫無少疑。

3 譬如直視虛空實爲無所見，同理倘若以心觀照心，
無有妄念得無上菩提。

4 譬如虛空界中晨靄諸雲消，既無往何處且亦無所住處，

同理由心所生諸念想，因見自心妄念大浪消。

5 譬如虛空自性超越色與形，雖染白黑等色而不變，
同理自心本體超越色與形，善惡白黑諸法染不變。

6 譬如明淨旭日彼精華，即以千劫黑暗不能蔽，
同理自心本體彼光明，劫之輪迴不能爲障矣。

7 譬如雖以空名加於虛空上，於虛空者無此般言詮，
同理雖以光明謂自心，謂爲如此名相無立基。

8 如此心之自性本來如虛空，一切諸法無不攝其中。

9 身之所作皆捨住安靜閒暇，語之言詮皆無聲空如迴音，
意中任皆無思直觀躍超法。

10 此身無有實質有如竹桿般，心如虛空中際超越思維境，
於彼之中無棄無置鬆坦住。

11 此心如無所寄是爲大手印，於彼串習相合得無上菩提。

12 說密咒及說波羅密乘，戒律契經三藏諸種等，
以此各自典籍及宗義，不能觀見光明大手印。

13 意求生障而不見光明，因念護戒而損誓言義，
遠離作意欲求與意圖，自生自息有如水波浪，
無住無緣如不越此義，不越誓言是爲暗中燈。

14 離諸意求不住於邊見，三藏諸法能見盡無餘。
專注此義脫離輪迴獄，安住此義燒一切罪障，
說此是爲法教之明燈。

15 不求此義諸凡夫愚者，常溺輪迴之河而淪喪，
惡趣痛苦無盡愚夫實可憫，不忍痛苦求脫依上師智者，
加持契入心中自心將解脫。

16 嗟呼，輪迴世法無義痛苦因，所作世法無實義故應依具義法。
如越一切能所是爲見地王，如無渙散是爲禪修王。
如無勉力是爲行持王，如無希慮果位即現前。

17 離所緣境心之自性明，無所趨道已持佛道端，
無禪修境串習得無上菩提。

18 嗟呼，於此世法善明瞭，不能常存有如夢與幻，

夢境幻影無有眞實義，故而生起厭離棄捨世俗事。
19 周境皆繫貪瞋應斷除，林中山間寺院獨自修。
安住於此無所修觀中，如得無得即得大手印。
20 譬如大樹樹幹分枝花葉茂，斷一樹根十萬枝芽枯，
同理若斷心之根本輪迴枝葉枯。
21 譬如雖爲已積千劫之黑暗，以一明燈除諸黑暗團，
同理自心光明一瞬間，除卻劫所積無明罪障。
22 噫嘻，以心之法不見離心義，以所作法不悟無作義，
如欲求彼離心無作義，察自心根本而住赤裸本覺，
念頭染垢之流令清澈，不破不立所顯住本處。
23 無捨無取顯有大印解，賴耶無生之中習氣罪障絕，
不爲迷惑謀計住無生體性，顯相自顯心之諸法皆窮盡。
24 邊際皆解最勝見地王，深廣無際最勝觀修王，
斷邊離方最勝行持王，無欲自解是爲殊勝果。
25 初機有如崖谷湍流水，中則恆河之水緩而動，

最末萬川有如母子會。

26 劣慧凡夫如不住此境，持氣之要強化覺心髓，
觀姿持心以此多分支，未住清明覺性前攝持。

27 如依業印樂空智慧現，方便智慧加持平等住，
緩緩下降盤集反引提，散佈界處鋪展遍全身。
於彼如無貪戀樂空智慧現。

28 長壽無白髮且如月而增廣，容光煥發力亦如獅子，
速得共通成就亦達至最勝。

大手印之心要此口訣，具福眾生心中祈憶持。

此文是由尊勝的大手印成就者帝洛巴，在修學兼備之喀什米爾班智達那洛巴歷經十二苦行之後，於恆河畔親口傳授那洛巴而作。後由大成就者那洛巴口述此「大手印二十八金剛句」，西藏譯者之王大譯師馬爾巴確吉羅卓（法慧）於北邊的普拉哈里翻譯與校定。

帝洛巴大師和那洛巴大師

6 恆河大手印教導

接下來要解釋的是「恆河大手印」的偈文。此文由帝洛巴傳給那洛巴，那洛巴再傳給馬爾巴大譯師，馬爾巴將之譯成藏文，而有了我們現在所用的偈文。這篇簡要的口訣，被認爲是所有噶舉教義中的共通根本偈頌，更是我們大手印傳承教法的根本偈頌。因此，我非常榮幸能爲各位解釋這篇偈文，也很感激各位給予我這個機會。

大手印是任何人都可以修持的一個法門，能令行者受到極大的加持，是一個極爲有效、容易修持的法門。在當今的這個時代特別是如此，對於修大手印障礙極少的西方人而言，也是如此。依此，爲了弘揚佛法，特別是傳播噶舉傳承的法教，第十六世大寶法王　讓炯日佩多傑，即使自身在極度不便之下，仍然多次造訪西方國家。當他在西方傳法時，有學生問他：「噶舉法教現正於全球廣弘，有哪些需要翻譯的典籍呢？」法王回答說，第一部需要翻譯且最重要的主要典籍，便是達波札西南嘉①所著的《月光大手印》，並且愈快完成愈好，因爲它是研究與修持大手印非常重要的一部根本論述。遵循法王的指示，現在這本書的英文翻譯已經完成，並且也出版了。

我經常會建議並鼓勵學生閱讀《月光大手印》一書：「這是本很棒的書，你應該讀一讀。」但是，他們往往回答我說：「喔！這本書太厚了，而且感覺也沒有這麼地重要。況且，這本書讀起來很枯燥。」諸如此類的說詞。爲了鼓勵大家能切實地利用到《月光大手印》一書，我曾經多次教授這本書的內容。雖然如此，這的確是本大部頭的書，所涉及的內容也很廣泛，爲了因應那些希望獲得簡短大手印開示的學生的需要，我便開始了此既簡潔、又饒富勝義的「恆河大手印」偈文的教授。

大手印的修持爲什麼如此殊勝呢？其它還有許多極爲奧妙的法門，例如「時輪金剛密續圓滿次第之六支加行」，還有著名的卓千教法（大圓滿），這些眞的都是一些很特殊的法

①《月光大手印》是達波札西南嘉大師（Dagpo Tashi Namgyal）所撰，提供大手印修持方法的全貌細節。其英文版譯者是拉龍巴（Lhalungpa），英文版書名是《大手印：心與禪的精髓》（*Mahamudra: The Quintessence of Mind and Meditation*），由香巴拉出版社出版。創古仁波切曾對《月光大手印》進行詳釋，此釋論彙整之後，出版了一部兩冊的《直觀自心：月光大手印》（*Looking Directly at Mind: The Moonlight of Mahamudra*），由南摩布達出版社出版。

門，但對一般人來說，卻有一些修持上的困難。譬如有些人以閉黑關的形式來進行卓千的修持：花上一、兩個月的時間處在完全的黑暗之中，以生起不尋常的體驗與了悟，這是有可能達到的；但是呢，對一個普通人而言，也很有可能會完全地瘋掉。或者，有人修持較為傳統的「頓超」法門，利用陽光為修持的外緣，以此深妙的技巧，是有可能生起根本智與後得智。但是，有時修持方法的不正確，也可能導致失明。對比之下，大手印的修持沒有這樣的危險，也不會導致精神錯亂，而是可以在一種輕鬆、自然的狀態下進行。因此，大手印是一個具有極大加持力、極為殊勝的修行法門。

大手印的梵文是「摩訶慕爪」（Mahamudra），譯成藏文是「恰嘉千波」（*phyag-gya-chen-po*）。「摩訶」是「大」的意思，「慕爪」是「印」的意思，例如一個國王蓋在公文上的印鑑。同時，「恰嘉」（*phyag-gya*）中的第二個字音「嘉」，藏文翻譯為「印」，也有「廣大」的意思。而這個藏文翻譯所隱含的一個意思是，一切萬法的本質與顯現、萬法的空性是廣大而不可測。一旦能認出這點，亦即行者於內在認出了萬法的本質，或是行者認證自心與萬法同一的本質時，此證悟的範圍之廣大，足以包含、涵攝行者所有的體驗。

這就是為何將「慕爪」稱之為兼含有「廣大」之意的「印」的原因了。將「摩訶慕爪」

稱作「大手印」，是因爲它顯然遠遠超過一般所談到的印鑑，如國王蓋在文件上的印鑑；「大手印」是涵攝一切萬法的大印。

梵文「摩訶慕爪」中的「慕爪」本身基本上只有「印」的意思。但藏文「恰嘉」卻有更多的涵義，當初西藏的大成就者將梵文譯爲藏文時，多加上了這個字「恰」（*phyag*），由純粹的字源學或是一般用法來看，它是「手」的敬語。但是，在此處非通用（不共）的意思相當地微妙，這也是爲何它以敬語的形式出現。顯然地，這裡「手」的敬語指的是佛陀的手、菩薩的手或是上師的手等諸如此類。

但是，這個詞一般也可以用來指稱清潔的工具，譬如藏文中的掃帚就叫做「恰瑪」（*phyag-ma*），也可以用來指稱清理的人，比如說使用掃帚的人可以就叫做「恰」（*phyag*）。因此，這個詞同時具有「手」的敬語以及「淨化」與「淨化者」的意思。合起來看，你就可以知道：諸佛菩薩與上師以他們的手、或者以他們的影響力所行的種種事業活動，是用來清淨弟子們的心。舉例來說，這個詞也可以用在一個國家的國王與行政大臣的作爲上，譬如他們在所統馭的人民當中，推廣善良健康的生活，這樣的行爲即是一種淨化的動作。將它用在大手印的內涵上，意思就是說修持大手印具有清淨的作用，也就是它能夠清淨、斷除行者的煩惱[2]，故藏文翻譯爲「恰嘉千波」。

說到這裡，「大手印」的藏文翻譯其實還有更多的意思。在一些註解中，你還會發現藏文翻譯中的第一個字音「恰」（*phyag*）指的是「空性」，這個我們所證悟的對象。第二個字音「嘉」（*gya*）指的是證悟空性的智慧（單獨來看，它就是「大海」或「廣大」的意思）。這裡所要講的是，空性與智慧彼此不可分，也非二元對立。大手印是空性與智慧的不可分性，而這「智慧」則是以藏文的「千波」（*chen-po*）或梵文中的「摩訶」來形容之，是「大」的意思。

這裡的重點是，能令一切痛苦、苦因、煩惱等等得到究竟平息的，即是這個空性的智慧——空性本身以及能認出空性的覺性；而此認出空性的覺性即是大手印的平穩覺性。

「千波」（*chen-po*）與「摩訶」都是「大」的意思，暗示著空性的非二元對立性，並用來形容這個能認出空性的智慧，同時也用來形容此體驗、證悟能涵攝一切的特質。

偈文的名稱

我們要研讀的是那洛巴大師在帝洛巴大師座下，經歷了十二大磨難後，帝洛巴大師授予那洛巴大師的口訣。因爲這是帝洛巴大師在恆河岸邊所傳予那洛巴大師的教授，因此稱之爲「恆河大手印」。有些偈文是以請法者來命名，有些以所請的題目來命名，有些則是以傳法的地點來命名，這篇偈文便是以傳法的地點——恆河，來命名。

此偈文一開始是其梵文的名稱，接著是藏文的名稱。一般的偈文都是這麼開場的，特別是由梵文所翻譯成藏文的偈文；這麼做的原因有很多，但是需要花上很長的時間才能說清楚。這裡我就只簡單的說明：以下偈文以其梵文名稱爲始，接著是中文翻譯。

摩訶慕爪　鎢帕德夏——恆河大手印

禮讚

按照傳統，偈文的一開始是禮讚。此偈文有不同的藏文版，尤其是在兩個常見的版本

②煩惱（kleshas）梵文原來的意思為「痛苦、焦慮、折磨」，指的是能引發苦惱的事物。

裡，第一個看到的差異便是在這一行。有些版本是寫「禮讚　榮耀之俱生」，有些則是寫「頂禮　吉祥金剛空行」，我們採用的版本主要是依照後者的寫法：

頂禮　吉祥金剛空行

這裡禮讚的對象是大手印、是般若波羅蜜所化現的空行母，或稱之為般若佛母，因為所有的佛皆由此證悟而出生，因此將她稱之為一切佛的母親。

偈文的概說

我們將以第三世大寶法王　讓炯多傑所寫的主題分析的方式，來研究這篇偈文。在第三世大寶法王的分析中，偈文的第一個章節或主題，通常是上師誓言傳法、或是上師將開始傳法的陳述，此處的上師指的是帝洛巴。偈文一開始的陳述如下：❶

【1】大手印法固然無所示，因行苦行復恭敬於師，
能忍艱苦具慧那洛巴，如是傾注具緣爾之心。

雖然大手印無法被表說，
但是聰穎而有耐心的那洛巴啊！
你忍受苦行、承擔磨難，全心全意地恭敬承侍上師。
有緣的幸運兒啊！我將以此教法灌注於你心中。

❶感謝張福成老師提供所譯偈言為此版本主幹，徵得同意後，由江翰雯居士根據　堪千創古仁波切的說明及原藏文偈言，另作調整校定。另，一如仁波切於本書提到，恆河大手印為瑜伽士的實修教法，於大師與弟子互動時即興流露，當下點醒弟子的效用大於講究學者式偈言的優美對稱，原文偈言的字數時有不一，因此本譯文亦忠實呈現原文的「瑜伽士風格」，大部分是九字，有時轉為十一或十三字等。白話偈言的翻譯，則以藏文偈言為基礎，參照仁波切的講解而編譯。

這裡的「忍受苦行、承擔磨難」指的是那洛巴在尋找上師、以及開始接觸帝洛巴時，所經歷的十二小苦行與十二大苦行。這二十四個苦行在那洛巴的傳記中有所描述。

這裡非常重要的是，我們要瞭解那洛巴經歷這些苦行的原因。那洛巴並不是爲了世俗的衣食而這麼做的，他是爲了尋找上師，並令上師歡喜而這麼做。對於一個弟子來說，他必須有這個能力接受這些磨難，來向上師證明他對上師以及上師的法教有足夠的信心與信任。因爲唯有具備如此強烈渴求與信任的人，才能眞正地修持這樣的法教。而這種人一旦開始修法，必定能證得果位。反之，如果弟子沒有修法的意願，顯然也就不需要這樣大費周章。因此，弟子堪受法教的能力，端看他忍受磨難的能力。如果說這個弟子沒有能力，也沒有意願接受這樣的磨難，就代表了弟子對上師與上師的法教缺乏信任。

一般而言，佛法中並沒有以身體上的受苦來做爲修行、或獲得證悟的先決條件此一說。但是，我們的確可以在那洛巴與密勒日巴的修學過程當中，看到他們都歷經了身體上無法想像的痛苦。但無論如何，他們這麼做，不是爲了受苦而受苦，而是爲了表現出他們對上師完全的信任與完全的信心。那洛巴百分之百地確信如果他能由帝洛巴處獲得法教，那麼他絕對可以獲致完全的證悟，因此，他有勇氣接受所有的磨難。那麼在這裡，帝洛巴在回應那洛巴所展現出來的行爲時，說道：「聰穎而有耐心的那洛巴啊！你忍受苦行、承擔磨難，全心全意地恭敬承侍上師。有緣的幸運兒啊！我將以此教法灌注於你心中。」當帝洛巴說：「我將以此教法灌注於你心中。」他眞正的意思是說：「現在你已向我證明你的信心與能力，你若修此法，必將證得佛果。」

7 大手印的見地

偈文的詳細解釋

現在繼續偈文的部分，並回到第三世大寶法王　讓炯多傑對主題的分析。在這裡我必須指出，根據所使用的不同藏文版本，偈文會有兩種不一樣的陳述次序。我們所使用的版本是以「**敬禮　金剛空行**」爲首，而不是「**敬禮　榮耀之俱生**」。

無論是哪一個版本，根據第三世大寶法王　讓炯多傑對主題的分析，此偈文共有七個主題，它們通常的排列次序如下：

(1) 大手印的見地

(2) 大手印的行止

(3) 大手印的禪修
(4) 大手印的三昧耶戒
(5) 修持大手印的利益
(6) 不修持大手印的過患
(7) 修持大手印的方法

在這七個主題當中，我們現在將由第一個主題——「大手印的見地」入手。首先談到的是大手印的六個比擬或是比喻；但更正確的說法可能是大手印的六個要點，而非六個比喻，因爲你會看到虛空這個比喻不僅是用在第一個要點，同時也用在第二與第四個要點中。

這裡體現出一般詩文創作與即興流露的道歌及口訣之間，最大的一個不同點。通常在創作詩文時，作者會先將詩文或是其中一個章節的草稿寫下，反覆地推敲琢磨，不斷地修改；比如說在現代，我們可能會利用電腦來做這些修改。而道歌則是自發之下所作，通常是由一位嘗試著與弟子溝通的上師所唱出來的，因此比較少注意到詩詞格律的規則，這就是爲什麼同樣的一個虛空的例子，可以在這裡反覆被使用。

大手印見地六要點

1. 以虛空比喻無堅實性

【2-1】譬如虛空此何依於彼，同理大手印中無依境，
無整鬆坦安住本然中，

譬如於虛空中，是什麼依靠在什麼之上呢？
同樣地，（自心本性）大手印中也無有對境可依。
不去改變或修正什麼，鬆坦地安住於本然的狀態當中，

這裡「不去改變或修正什麼，」（亦即「不造作」）意思是說，此修持並非是想要去改

善、或是改變任何事情；也沒有任何事情需要整頓、需要改變。這裡「本然」的意思是說，無須增添什麼以令此狀態完整，也無須去除什麼東西以令此狀態圓滿。

下面繼續同一個偈文：

【2-2】束縛若鬆解脫無少疑。

若能鬆綁一切束縛的鐐銬，那麼無疑地，你必定能獲得解脫。

這裡的意思是說，通常我們會將所經驗到的感受，如粗重的煩惱與情緒等，視爲是堅實、眞實的存在。這種「將經驗視爲眞實存在」的不必要誤解，是眞正束縛我們的罪魁禍首，我們若是能將它放下或棄絕，就必定能帶來解脫。

2.以虛空比喻修持大手印之體驗

關於見地的第二點，同樣也以虛空作爲比擬。

【3】譬如直視虛空實爲無所見，同理倘若以心觀照心，無有妄念得無上菩提。

譬如眼觀虛空，卻看不到任何東西一般；同樣地，當你以自心觀照自心時，妄念分別停止了，從而獲得無上的覺醒境界（正覺）。

在前述的第一個要點中，虛空被用來指出大手印的空性，亦即無堅實性的狀態。這裡虛空的例子再度被使用，但是用法卻不太一樣，被用來形容修持大手印時的狀態，亦即以自心觀照自心本身時，妄念分別都平息了，從而獲得現前的覺醒體驗。

當我們的眼睛看著朗朗晴空時，什麼也看不見，沒有任何東西出現在我們的視線中，也沒有任何有形的東西可以眞正被看見；相反地，如果我們看的是地表，當然就會看到各式各樣的物體。這個例子是用來說明，當我們在修持大手印，以心觀照自心時所經歷到的體驗。

按照邏輯的推理，這種修持並不合理，簡直是不可能做到；這就好比是假設一把劍能夠砍它自己、或是我們可以站在自己的肩膀上一樣。但無論怎麼說，從實際的禪修體驗來看，不但有可能做到，並且還不難做到。原因在於我們的心與我們是如此地貼近，事實上它並不是一個跟我們分開的東西，我們與自己的心之間其實並沒有任何的距離。從這個角度來看，我們可以說「心」並不那麼難找，因爲它一直就在那兒，它是我們一直都有的那個認知、那個覺性。

如果說「心」是一個具有某種實質而眞實存在的物體，那麼當我們在看它時，應該要能夠看到些什麼。但是當你直接地看著「心」時，卻什麼也看不到。第三世大寶法王　讓炯多傑在《了義大手印願文》中說道：「一切是有諸佛亦不見。」意思是，從某種觀點而言，我們可以說它什麼也沒有，空無可見。在直觀「心」時，我們之所以看不見它，並不是它被什麼東西障礙住了，也不是我們不知道如何去看「心」，更不是因為我們必須先克服某些障礙才能直接看到它。這就是為何大寶法王　讓炯多傑要說「諸佛亦不見」的原因了。岡波巴大師在一首道歌中也曾經這麼說：「確信於此即正見，以心觀照吾自心。」

我們通常將佛法分為見、修、行三部分。在見地上，有兩種修持方式。第一種是運用邏輯推理的經教學習，以生起對見地的信心。透過對某個主題的充分分析，我們便會對它產生信心。第二種是金剛乘的修持方式，亦即不透過推理分析，而是直接的經驗。這即是之前所引用的兩段話，以及此章節的內容所用的方式。也就是從直接的體驗上來說，直觀自心而無所見，這的確是有可能的。

此處，我們要對止的禪修與大手印的修持做一個區分，特別是在如何看待與對待念頭的部分。在一般止的禪修中，我們基本上將念頭視為敵人，然後想方設法要去除它們❶。透過修止並運用有效的對治法，有時我們可以將念頭消融；但我們也有力不從心而與念頭交戰的時候。然而，大手印禪修卻不是這樣，因為無論我們談論的是心識的哪一個層面，阿賴耶識也好、末那識（第七識，或稱染污識）、意識、或是五根識都好，它們其實都是明性所展現出的心的活動。

當我們直觀自心時，亦即直觀這明性的基礎時，我們看不見任何實體，似乎沒有任何的東西，但是卻有所明覺。這種「觀心無所見」的體驗，佛陀在二轉法輪及中觀的傳統學派中，將之稱爲法性與空性。

在這個情況下，即使可能有念頭的存在（念頭是明性的一種展現），但是當我們內觀自心而發現什麼也沒有時，念頭便會自動消融，無須特意去改變它，也無須將它視爲是敵人，更無須企圖將它消滅。

這是怎麼一回事呢？爲什麼直觀自心時，念頭會自動消融呢？

有一位非常重要的伏藏師，名爲詠給・密吉・多傑（Yongge-Migji-Dorje），他發掘出一部名爲《具格法器》（*Proper Container*）的伏藏法，其中討論到了憤怒的本質，並指出唯有當憤怒是向外作用時，方能具有任何意義，而且也沒有那種不向外作用的憤怒。反過來說，我們如果能把憤怒的方向反轉過來，在發怒的當時去直觀自身的憤怒，我們會發現，

❶這裡指的是一般止的禪修。止的禪修可分為一般止的禪修，以及大手印止的禪修。一般止的禪修將念頭、煩惱視為應當予以擯棄的敵人，而大手印止的禪修則將之視為禪修的對境、修行的助伴，亦即「以煩惱為道用」的法門。

似乎什麼也沒有，我們找不到憤怒所在的位置，看不到憤怒的形狀、顏色或任何實質性。如果說憤怒不具有任何實質性，那麼，憤怒究竟具有什麼？憤怒究竟是什麼？我們所認知體驗到的「正在發怒」，僅僅是一個憤怒的顯相，然而實際上什麼也沒有。這就好像是感覺到有風，而開始去尋找天空一般，肯定是什麼也找不著。因此，當我們直觀自身的憤怒卻找不到它時，憤怒就會自然平息下來。這種體驗，大乘佛法稱爲「空性」，小乘佛法稱爲「人無我」。姑且不論這是否是佛陀的教導，卻的確是一種直接的經驗，當你看著自心，便能夠直接經驗到心的性空本質。

憤怒是如此，其它的煩惱如貪欲、執著、嫉妒、傲慢等等也是如此。不僅負面的念頭是如此，正面的念頭亦復如是。無論是以何種形式出現的念頭，只消直接地看著它，我們會認識到它本質上就不存在，而這樣的認知就能令念頭平息消融。

那麼，這與證悟有何關係呢？

通常我們從不這樣看著自心。從一早起來，一直到我們上床睡覺，我們的心是成串成串的念頭，一個接著一個、一個生出一個，不曾稍歇，這就是我們的一生。不僅僅是這樣，這些不受控制的念頭，有些是善念，但大部分是惡念。在惡念的驅使下，我們造作惡行，導致輪迴於三界當中，變得慘不可言。實際上，我們可以看到高興和快樂的念頭是如此少得可憐，而大部分的時間，我們都在想著自己多麼地悲慘。但是如果我們能安住在大手印當中，這所有的一切念頭就都會止息。正是透過這種止息的過程，才能夠讓我們逐漸地達到證悟。

回到這個偈文，「譬如眼觀虛空，卻看不到任何東西一般；同樣地，當你以自心觀照自心時，妄念分別停止了，從而獲得無上的覺醒境界（正覺）。」此處又用虛空這樣的形象來指出念頭止息的過程。

3. 以雲霧比喻念頭之消融

第三個要點用的是不同的意象，以雲霧來比擬念頭消融的方式。

【4】譬如虛空界中晨靄諸雲消，既無往何處且亦無所住處，
同理由心所生諸念想，因見自心妄念大浪消。

譬如雲霧消散於天空中，
既沒有去處，也無所駐留。
同樣地，由心生起的種種念頭，
在直觀自心本性的當下，念頭的波濤便消融平息。

此處所說的是「主要的心」（心王），也就是認知的能力，或說一種能認知的明性（清明的心），基本上就是心或心識，也是心展現自身的方式。「心」指的也可以是六識當中的「意識」，在這樣的用法下，「心」和「由心中生起的種種思維、念頭、意象、感受等等」是有所區分的；後者好比：能於心中生起的五十一種心理狀態（心所法）如五遍行、十一種善心所、六種煩惱、二十種隨煩惱等等。

在一般止的禪修中，我們試著壓制、減損念頭，將念頭的力量削弱，並以明性來打斷念頭，我們便得以安住在平靜的狀態當中。但是在大手印的禪修中，念頭並不受到壓抑或削弱，而是得到淨化。這是透過對自心本質的直接經驗而達成的，亦即體驗到：心雖本具認知能力的明性，卻沒有堅實、實質的存在。不論你將心的這個本質稱為「空性」也好、「明性」也好、或是「明空雙融」、「空慧雙融」都好，大手印的禪修並不是將一個不存在的東西看成是存在，也不是將一個存在的東西看成是不存在，它是一個眞摯而直接的經驗、是直接的認知，能使念頭的雲霧、念頭的海浪自然地消散。

在《智慧之雨》（*The Rain of Wisdom*）這本書中，收錄了一首密勒日巴對女弟子巴達朋（**Nima Paldenpo**）的道歌開示。道歌中以四喻五義來說明修心的要訣，其中一喻很能切入這裡的主題。密勒日巴唱道：「取擬大海為譬喻，深廣無底難可測，汝應觀心如大海，深深無底亦無邊，汝應如是觀自心，離諸分別與尋伺。」巴達朋回應密勒日巴道：「我觀大海雖安樂，想及波濤心無適！祈示如何觀波濤？我觀自心雖安樂，妄念起時感不適！祈示如何觀妄念？」這意思是說，她雖然能夠觀照自心，但是卻受到自心起伏的念頭所擾。密勒日巴回答她說：「汝觀大海若安樂，應知波濤不離海，大海興用所變化，即於廣大而安住。汝觀自心若安樂，應知妄念不離心，無非心變之遊戲，即於心性坦然住！」

這意思是說，若是去觀照自心的話，你會經驗到心的本質即是空性。瞭解到了這點，你也就會瞭解到，心中生起的任何念頭也是空性。當你直接體驗到這點時，這些念頭就會消融於當下；它們並沒有離開，也不是被驅逐到其它的地方，只因爲受到心的觀照而自然而然地消融了。這是大手印第三個要點的比擬。

這些大手印的口訣，無論在正式的上座禪修與下座後的日常生活中，都應該以正念的觀照不斷加以練習，這是非常重要的。我們每一個人都要記住，自己很幸運地獲得了具足十八暇滿①的人身寶。現代生活很忙碌，若要過得活躍而充實，似乎就沒有時間禪修；若能有時間禪修，又會對自己的生活品質感到不滿意。因此，不是常聽有人說：「唉呀！我沒有時間修行。」或者「我的日子很辛苦。」事實上，就大手印的修持而言，絕對無此衝突。的確，大手印要儘可能地在正式的上座禪修中多多練習，但若無法做到，那麼在種種日常的活動當中，你總是有機會應用上大手印修持的口訣。

在我們傳承的歷史中，也可以見到這樣的例子。譬如說當帝洛巴爲了謀生而搗芝麻子的同時，仍不斷地修持著大手印，最後因此而獲得完全的證悟。對我們而言，這實在是一個重要的楷模。因此，我們應該像帝洛巴所示範的好好地去修持，而不要讓自己被煩惱妄念所控制。

4.以虛空比喻心性之不變異

下面這一句偈文再度以虛空為比擬：

> 【5】譬如虛空自性超越色與形，雖染白黑等色而不變，
> 同理自心本體超越色與形，善惡白黑諸法染不變。

①修行的順緣指的是具有八有暇十圓滿，藏文稱之為「塔久」（*Tal jor*），「塔」（*Tal*）一般譯為「自由」、「閒暇」或是「有暇」；「久」（*jor*）則譯為「圓滿」、「功德」、「順緣」或是「機會」，具備八有暇十圓滿而得以修持佛法的人身，即是珍貴的人身。

八有暇是免於以下八種情況：生於地獄、餓鬼、畜生、邊地、長壽天、諸根不具、邪執倒見，以及末法黑暗時期（也就是佛不出世、或是佛法入滅之時；據某些經典而言，我們現在正處於五濁惡世的黑暗時期）。

十圓滿分為五項自圓滿，以及五項他圓滿。

五項自圓滿是善得人身、生於聖處、諸根具足、離諸業障，以及淨信三寶。（若諸根殘缺到一個人的心識無法正常地修學佛法的話，也就等同於喪失了寶貴的人身。）

五項他圓滿是值佛出世、佛說正法、正法駐世、法住隨轉，以及他所哀憫。【喇嘛札西南嘉】

譬如虛空的本質超越了形狀與顏色，
雖會沾染黑白等顏色，卻不會有所轉變；
同樣地，心的本體也超越了形狀與顏色，
雖會雜染善惡白黑的現象，卻不會有所轉變。

在虛空、天空的眾多定義裡，我們必須要清楚這裡指的是哪一個定義。在《阿毘達磨俱舍論》（*Abhidharmakosha*）中，「虛空」一詞有兩種主要用法。第一種「虛空」指的是無法指稱為任何東西的東西，不是由某些東西所組成的複合物，因此也不具有任何可見的特徵，此「虛空」即是空蕩蕩的空間。第二種「虛空」是用來指稱天空，通常被視為是藍顏色的。而此處偈文所言「虛空」的本質沒有顏色，是運用了第一種「虛空」的定義，我們不應該將它視為是藍色的天空而產生矛盾。事實上，在《阿毘達磨》（*Abhidharma*）中，有個特點的詞來形容藍天，稱之為「嚴飾的虛空」，因為它是一個可以被看見的對境。

此外，我們還可能會將「虛空」視爲是有形狀的。例如，存在於某個中空物體當中的「虛空」的形狀，也就是在此物體包圍下的空間的形狀；再舉個例子來說，例如一個方形的洞，我們可能會這麼想，洞中的「虛空」是方形的。但是，此處談論的不是受物體塑形的虛空，而是「虛空本身」，因此，我們說「虛空」沒有形狀，正如它也沒有顏色一般。頭兩句偈文這麼說：「譬如虛空的本質超越了形狀與顏色，雖會沾染黑白等顏色，卻不會有所轉變」，也因爲它不是一個複合物，所以也不會改變。這即是這個比擬的意象。

接著第三句話：「同樣地，心的本體也超越了形狀與顏色。」正如之前我們釐清「虛空」的不同定義一樣，在這裡我們也需要釐清「心」一詞可能有的兩種指稱。在談論世俗諦（相對眞理）時，我們談論的是如何經驗到「心」充滿了念頭、快樂與痛苦等等，我們經驗到的「心」，是一個永無止盡的迷惘。

但是在這裡，我們談論的是心的本質，也就是勝義諦中所談論的「心」。在究竟的意義上而言，「心」沒有任何的特徵、顏色與形狀，沒有任何東西可以指出「心」具有任何實質性或是眞實的存在。我們習慣於將心視爲是眞實而存在的，但當我們直接在禪定中經驗到覺性時，會發現心沒有實質性、沒有顏色與形狀等等。在運用邏輯推理來學習時，無論是中觀自空派或是中觀他空派，都有很多關於世俗諦與勝義諦的討論。其中說到，世俗諦是在迷惑中的經驗，而勝義諦則是無惑的經驗。

大手印傳統中，就直指大手印的見地而言，對於世俗諦與勝義諦的討論並不多。雖然說勝義諦並不是分別思維的心能觸及的範疇，但是強調世俗諦是迷惑中的經驗，也會讓人覺得勝義諦是遙不可及、無法被直接地體驗到。由於這裡的目的是為了直接經驗到自心的本質，因此這裡不太使用這些名相。這裡所要講的是，當你經驗到了自心的本質時，自心本質之本身就是超乎一般的平靜、超乎一般的愉悅與喜樂。

我們一般說善有善報，惡有惡報。在經驗到心的本質時，我們發現，它內具的平靜與喜樂，超越了由外在行為而獲得的暫時性快樂或痛苦的果報。由於這種經驗的完全平靜，因此，對於由善行所得到的暫時快樂，我們也就毋須希求；而對於由惡行所得到的暫時痛苦，也毋須恐懼。這就是為什麼偈文說道：正如虛空不受任何形狀與顏色的雜染；同樣地，心的本質也不受任何善業與惡業的雜染。

這種究竟的平靜、寂靜，指的是當我們領受皈依戒，在皈依「法」時所說的：「皈依法，離欲尊：我皈依法，這無上的寂靜與離欲境界。」「欲」這個詞，有時特別用來形容欲望，有時則用以指稱所有的煩惱，也可以用來泛指所有虛妄的經驗。這裡用的是它較爲廣泛的定義，亦即以「無欲」來形容在體驗到自心本性時的終極平靜，超越了因業力而產生的興衰與榮枯。

5.以日光比喻心之空明

接下來的偈文是第五個要點，主要指出心性不僅僅是「空」，同時還具有「明」。這裡運用日光的意象來說明此點。

中觀自空派的主要論述是二轉法輪的般若智慧，特別強調空性的見解，尤其是萬法本質性空的道理。之所以要強調空性，是因爲我們最大的、最初的業障便是將顯相執爲實有。我們認爲自己所認知的這個「我」是眞實存在的，那些「事物」也是眞實存在的。由於將「我」、「我的經驗」、以及事物等等認爲是眞實存在的，我們便無法體驗到萬法的本質——法性，因而無法捨棄、超越業障，持續地在輪迴中流轉。爲了要對治這種執著，因此要講述空性、強調空性，因而有了十六空性❷、十四空性等等的開示。

❷內空、外空、內外空、空空、大空、勝義空、有為空、無為空、無際空、畢竟空、無散空、自性空、一切法空、自相空、無所緣空、無性空。

同樣地，在此我們曾經使用的意象如虛空、雲霧等等來比喻我們的心，便是用來對治這種執著。我們通常會這麼想：「我的心眞實存在」、「我的心是堅實的」，這些都是我們首先要去對治的。

一開始，我們是可以先單獨強調空性的部分，用它來對治將顯相執以爲實的執著。但是如果有人問我們：「萬法都只是空性而已嗎？」答案是：「不是的。」這在經教傳統中曾討論過，例如龍樹菩薩曾說：「就算是一個有才智的人，如果誤解了空性，也絕對無法獲得成就。」密續傳統中的薩惹哈（Saraha）大師也曾說：「那些將看似堅實的顯相視爲眞實的人，簡直是頭牛。而那些執著於什麼都沒有的人，簡直比牛還笨。」這意思是，雖然萬法的本質是空性，但它不僅僅只是空性而已，它也是本然的明性②，這即是本偈文所要表達的：

【6】譬如明淨旭日彼精華，即以千劫黑暗不能蔽，
同理自心本體彼光明，劫之輪迴不能爲障矣。

譬如太陽精髓的光明本質，
就連千劫的黑暗也無法障蔽住它；
同樣地，無量劫的輪迴，
也無法障礙自心本體的明性。

偈文的頭兩句話毋須多做解釋，第三、第四句話是指自心本身的光明、明性，並不會在輪迴中受到影響。

這裡「輪迴」指的是自身的業障，如所知障（無明）與煩惱障等等。當我們受這些業障

②「明性」的藏文是「薩瓦」（salwa），被翻譯為「光耀」、「明亮的覺性」，以及「清明」。即使字面上有這樣的涵義，但是我們千萬不能將它誤解為像是來自燈泡的某種光。它指的是持續的覺性，亦即那個能夠覺知的、心所具有的覺性。

所蒙蔽時，它們再怎麼晦暗，也不會影響到所遮障的心之本質，而心之本質，即是本俱的明性、也是空性。

自心本質其中的一個層面，通常被稱爲「光明」、或是「明光」、「明性」。大部分的人會覺得「明性」比「空性」較難認出。之所以較難，並不是它眞的比較難以認出，也不是它比較微妙，而是因爲它是我們一切經驗的基礎，它一直都在，我們對它是如此地習以爲常，以至於無法相信我們一直經驗到的，就是這個「明性」。

當有人告訴我們說，心的本質是本俱的「明性」時，我們不會相信它指的就是我們所體驗到的、自心這個基本清晰的認知能力，我們期待它會放射出比電燈、比燭光還強烈的光。但是，這裡「明性」指的就是心與生俱來就能認知、能經驗到一切現象的能力。透過練習，這個能力的確能夠增強，最後發展成爲佛的兩種智慧：如所有智與盡所有智智③。

在第三世噶瑪巴　讓炯多傑所著的《了義大手印願文》中寫道：「淨體明空雙運之體性，能淨金剛瑜伽大手印，所淨忽爾迷亂之諸垢，願證淨果離垢之法身。」第一句話：「淨體明空雙運之體性」，這裡的「淨體」（清淨的根基）指的不是所要淨化的根基，而是指相續之心的本質（根）；「明空雙運」意思是空性的本質即是明性，而明性的本質即是空性。

噶瑪巴的第二句話是：「能淨金剛瑜伽大手印」，能作淨化的是「金剛瑜伽大手印」，指的是對這個根基的「認證」，也就是心的本質是明空相融的認證、了悟。

第三句話解釋「所淨」的對象是什麼，也就是「忽爾迷亂」的障垢。這指的是心中所生起的一切，包括我們連續經驗到的粗重及細微的念頭與煩惱。事實上，它們無所而來，也無所駐留，也無任何的堅實性。如果沒有認出它們的本質，它們便會擄攫、捆綁住我們。

經教傳統中也明確地教授過「明空雙運」；儘管它是以邏輯推理的方法為基礎，然而它的解釋是如此清晰，對我們的理解有著很大的幫助。例如，米龐仁波切曾經寫道：「顯相並不因它『僅是』顯相而有損其鮮活度。」意思是說，我們不斷在經驗一些事物，如眼睛可見的柱子、房子、山巒、花園等等，即便這些經驗是如此栩栩如生，但所有的這一切，自始以來都是無根無基，沒有任何自性或實際本質的。

這句引言要說明的是，當聽聞到關於「顯空雙運」的解釋時，我們通常會想成是，要不

③如所有智：諸佛了悟輪涅一切現象之真正實相或本質的智慧。盡所有智：諸佛對一切輪涅現象無所不知、無所不曉的智慧。

是這句話有所矛盾，要不就是「顯」與「空」輪番地交互出現。我們會覺得這是兩件不同的事物，然後想像著它們一個是空的，而另一個是顯現的；或者認爲是某個東西有時出現，有時消失。

事實上，這些全部都不對。此不變的本性，並不會妨礙此本性之無礙的緣起互生的展現。當然，這是經教傳統的表述風格，但用在這裡並非就對我們沒有幫助。

當我們說心的本質爲空時，並不違背我們對心無所障礙的明性之體驗。而當我們經驗到可看見的形象、可聽見的聲音等等時，也絕對不會違背心的本質與心經歷的對境的本質皆爲空性的事實。這即是「明空雙運」的眞諦：「空性」與「明性」既不可分，也不相礙。

這首偈文以日光的意象來傳達這樣的道理。截至目前爲止，這些偈子首先講到了自心本質的空性，然後講到自心本質的明性。

6. 心性之不可言詮

解釋見地的第六個要點，是關於心的本質之不可描述與不可表達。此偈文是這麼說的：

【7】

譬如雖以空名加於虛空上，於虛空者無此般言詮，

同理雖以光明謂自心，謂爲如此名相無立基。

譬如我們雖說虛空是「空」的，

但事實上，虛空並沒有什麼實質可以眞正用這類說法來指稱；

同樣地，雖然我們說心是「明覺」的，

但事實上，這個名相所命名的那個基礎也是不眞實存在的。

這個偈文的主旨在於，我們無法描述心的這個基礎本質，無法以言語來說明心究竟長得什麼樣子。這也代表著，即使當一位上師嘗試著將他的經驗傳達給弟子，而告訴弟子說心的本質是「明空雙運」時，這也僅僅是一個近似的指稱，還不能完全表達心的本質究竟是什麼。

當我們眞正地經驗到心的本質時，是無法去描述它的，因爲就像是此偈文說的：「但事

實上，這個名相所命名的那個基礎也是不眞實存在的。」沒有任何堅實、可指認、可思維理解的、能以語言表達的特質。在《般若波羅密禮讚文》（*The Praise to Prajnaparamita*）中說道：「般若波羅密超越言語、思維與描述。」同樣地，在馬爾巴大譯師的一首道歌中也這麼說道：「無可言詮之體驗，恰似啞人嚐蜜糖。」成就者如馬爾巴大譯師，在那洛巴座下學習並接受灌頂，也無法將所證悟到的心性以言語表達出來啊！

【8】如此心之自性本來如虛空，一切諸法無不攝其中。

就像這樣，心的本質無始以來就如同虛空一般，
一切現象無不涵攝於其中。

在帝洛巴所傳授的「恆河大手印」之七個主題中，現在我們已講解完畢第一個主題——大手印見地的六個要點。

問題與討論

【問題】佛性的教授只有在金剛乘中才有嗎？

【仁波切】佛性的開示並不僅限於金剛乘。事實上，佛陀的開示可分爲兩大教法：經教與密續。

兩者之間的區別，不在於是否有佛性的教導，而是在於修持之道的不同；經教運用的是邏輯推理的方式，密續（或稱密咒乘、金剛乘）運用的是直接體驗的方式。

再者，經教中有兩個分支：小乘與大乘。大乘又分爲二轉法輪（強調的是空性）與三轉法輪（強調的是佛性的明性）的內容，它們之間並沒有孰重孰輕的分別，同樣都是必備的法教。它們其中單獨的任何一個，都不足以讓人完全瞭解大乘佛法，因此它們不同的內涵能彼此增益互補。例如，某些事情從某個觀點來看，並非是完全那麼清楚，從另一個觀點來看卻會比較清楚，但若只從另一個觀點來理解，可能又有另外一些細節不清楚了。

然而，我們還是可以依據運用的方式，對大乘佛法的這兩個部分內容做出區分。二轉法輪的內容是以空性的見地來斷除概念造作（戲論）或虛妄的投射。但是在斷除戲論之後，唯剩空性，因此，從這個觀點很難瞭解應該如何去禪修空性的部分。這時候反而是比較容易去做明性的禪修，明性則是三轉法輪的主要內容，因此，這裡更強調的是三轉法輪的內涵。三轉法輪又稱爲「究竟分別法輪」，是繼「聞」與「思」之後的「修」的階段，也是重視實修的傳統所強調的禪修之修持。

【問題】請仁波切給予一些可以對治怠惰的大手印口訣。還有如何生起對法的渴求與信心？

【回答】在這種情況下，是有一種對治怠惰、生起精進的方法，那即是透過轉心四思維來讓我們對法有信心，這四種思維是：(1)人身難得，(2)生死無常，(3)因果業力，(4)輪迴過患。這四者要去思維，特別是「無常」這一項。

佛陀曾經這麼說過，一開始，是「無常」迫使我們修持佛法；之後，是「無常」激勵我們精進修行；最後，是「無常」這個道友幫助我們獲得最終的證悟。所以，我們可以多去研讀關於「無常」的經文，並時常去思維它的內涵。

或者，我們也可以學習密勒日巴的方式，尊者在一首道歌中唱道：「學法看經我不需，一切心顯皆經教。」意思是說，如果想要獲得對「無常」的定解，你只消看看周遭的情況，看看身邊不斷發生的改變，發生在朋友身上的事、發生在其它人身上的事、發生在動物身上的事等等；就這麼自然地看著，你就會對「無常」有所確信，對佛法有所確信，進而努力精進地去修行。

【問題】有時您提到的是直接觀照心的體驗，有時則是直接觀照心其它的層面，如顯相的展現等。那麼，您之前所提到的修法，基本上是直接觀照念頭，我在想這是不是個更可取的方法？

【回答】當你仍然在做「聞」與「思」的學習時，目的是要建立起一個正見，以斷除戲論、妄念與誤解。在這個前提下，我們對心做各個層面的分析區別，如心能認知的層面——明性，以及心所經驗的層面——顯相，還有八識的區別、心與心中所生起的顯相的區別等等。

那麼，到了「修」的次第時，其實是沒有真正的區別。當你直接觀照自心時，你所經驗到的，你可以說是有明性，你也可以說有空性。基本上，你並沒有「真正經驗到什麼」，因此說它是空性或是明性都可以。在這裡，當然就沒有特別去區分它究竟是屬於顯相的層面，還是明性的層面。

8

大手印的行止

現在我們進入七個主題當中的第二個——大手印的行止①。

上座禪修時的行止

【9】身之所作皆捨住安靜閒暇，語之言詮皆無聲空如迴音，
意中任皆無思直觀躍超法。

什麼事都不做，舒坦地安坐著；
什麼話都不說，視聲音爲聲空不二如山谷的回音；
什麼念都不想，直接地觀照那躍超的經驗。

這三句話講的是上座禪修時的行止，後面將會講到下座後的行止。

第一句話是調整身體的正確方法：「什麼事都不做，舒坦地安坐著。」在禪修時，身體要靜、鬆、自然而不緊繃。狹義上來看，也可以說就是「毗盧七支坐法」，或者是其它禪修的姿勢，但是要點是自然與放鬆。

禪修時，我們會習慣性地想將覺知加緊或是加強，這反而會讓氣脈、肌肉等緊繃起來。由於有這樣的傾向，因此常常可以聽到有人抱怨：「禪修可把我累壞了。禪修時，我就是會覺得這裡痛那裡痛。」這都是因爲太緊繃的緣故。因此，當我們靜坐禪修時，要充分地放鬆，讓肌肉、關節與骨頭等也開始跟著放鬆。否則禪修時，我們可能會覺得心臟或是腦袋受到某種的擠壓或是捆綁。瑪姬·拉契·卓瑪（Machig Labchi Drolma）曾針對禪修的姿勢解釋道：「身體姿勢的要點是，要讓四肢的氣脈與肌肉放鬆。」

禪修時，有時即使我們刻意將全身都放鬆，但還是會特意在眼睛上施力，造成眼睛淌淚的情況。這裡並不是要責備大家太緊繃，而是大家有必要學習如何克服這個問題。一旦坐定

①「行止」（conduct）一詞，邱陽創巴仁波切的開示與翻譯用的是「行動」（action）。【喇嘛札西南嘉】

了適當的姿勢，不論你選擇的是「毗盧七支坐法」或是「禪修五要點」②，都應該放鬆地維持這個姿勢，而不是使用蠻力來維持這個姿勢。

同樣地，有人會在禪修中刻意去控制自己的呼吸。在此大手印的禪修要點是，讓呼吸完全地自然，就像是平常的呼吸一樣；如果你的呼吸很長，不要縮短它；反之，如果呼吸很短，也不要延長它。當我們開始禪修時，非常重要的是，要有意識地去放鬆我們的身體、眼睛，以及我們的呼吸。

偈文的第二句話是：「什麼話都不說，視聲音爲聲空不二如山谷的回音。」這指的是在禪修當中的行止；那麼下座後，說話是沒有關係的。禪修中的聲音，應被視爲是山谷的回音，意思是說，過去的聲音已落、已逝、已結束，不必再去想它。因此，聲音在上座禪修時是無關任何緊要的，並不比山谷的回音有更多的意義。

這點很重要，因爲禪修中會讓我們分散注意力的念頭，並不是接觸到外境而來的念頭，反而是我們內在習慣性的自言自語。這個內在的對話，通常是有關於我們過去曾經說過了什麼話、做過了什麼事，以及我們將來要說、要做的事。我們就是要將這個內在的對話，視爲是不比山谷的回音還有意義的聲音，同時，它的本質是聲音與空性的雙融合一。

事實上，這句話指的有兩件事情：一個是要將禪修中攪擾我們的外在聲音，視爲是山谷回音；另一個是要將攪擾到我們的內在對話，也視爲是山谷回音。不去跟隨它們的話，也就不會受到它們的干擾。

第三句話講的是上座禪修時，「心」應有的行止：「什麼念都不想，直接地觀照那躍超的經驗。」這裡的「不要思維」可能會受到各種的誤解。它的意思並不是字面上寫的嘗試著不去思維，而是當任何念頭生起時，不去攀執、沒有執著的意思。這樣做才不會去增長這些念頭。這句話中的一個主要詞彙「躍超」，藏文稱之爲「拉達」（lha-da），字面的涵義是「超越關口」。我建議將它翻譯爲「跳躍」或「躍升」、或是藏文中的「衝瓦」（trong-wa）。

②禪修五要點是：第一，身體要「直如箭」，意思是背要筆直，不要傾斜。第二，下巴要「收如鉤」，意思是稍稍內縮，像鉤子一樣。第三，雙腿跏趺坐「坐如蓮」（能夠雙盤最好，否則單盤也是可以的）。第四，身體要如鏈條一般地「扣如環」，意思是身體鎖定在一定的姿勢，就像是受到鋼鐵鐐銬之固定一般，方法是雙掌交疊，放在肚臍下方四指寬的地方。第五，收攝身心，稍稍用一點力，使得身與心都能夠泰然而專注。這是馬爾巴大譯師偏愛的禪修姿勢。馬爾巴曾經說，若是能保持這個姿勢，那麼體內細微能量則會流經中脈，這是最理想的氣脈流通方式。【創古仁波切】

此「跳躍」的要點，正是大手印與邏輯推理法門之間的區別。如果我們嘗試著以邏輯推理來瞭解勝義諦的本質，那麼也就無所謂的「跳躍」不「跳躍」了，因爲這個過程是以所知爲出發點，然後透過推理，一步步地對勝義諦的究竟本質產生確信。但在大手印法門中，卻是有個「跳躍」。我們所「躍出」的，是所有的思維概念；我們所「躍入」的，則是對自心本質的直接經驗。

因此，不做分析推理，也不去下標籤分別是有實質性、還是無實質性等等。我們就只是直接地看著自心的本質，直接去經驗它，這樣也就是直接地對它進行禪修。

雖然說心的本質是空性、明性，並且能有不受阻擾的各種顯現，但是在直接觀照心性時，我們並不去下標籤或這麼地思維：「喔！這是空性，這是明性」等等。當然了，它是空性，但是我們並不去下標籤、或是從中推斷出任何結論，而只是單純地去經驗心的本質。

下座後的行止

接下來是關於禪修下座後的行止：

【10】此身無有實體有如竹桿般，心如虛空中際超越思維境，
於彼之中無棄無置鬆坦住。

身體不具實質，如中空的竹桿。
心超越了思維的對境，如虛空中央一般。
寬坦鬆緩地安住於此，無所棄捨也無所取置。

第一句話是「身體不具實質，如中空的竹桿」。通常我們對身體有很強的執著，而事實上，我們的身體沒有任何實質性，是一項複合物而並非眞實地存在。這裡是以中空的竹桿來做爲缺乏實質性的意象。

第二句是：「心超越了思維的對境，如虛空中央一般。」再一次地，我們以虛空來比喻心。「虛空中央」意思是說，當你朝地平線看過去時，可以看見許多東西，但是若是朝天空

的中央看，卻看不到任何東西。那麼，心的本質就像是這樣。

當然了，如果你看的是念頭的內容的話，一個接著一個，這些念頭的內容是永遠也檢視不完的。但是，心本身無可見，也無法被檢視。就像第三世大寶法王　讓炯多傑在《了義大手印願文》中所言：「一切是有諸佛亦不見，一切非無輪涅眾根因。非違非順雙運中觀道，願證離邊心體之法性。」

通常對於一個不存在的東西，我們會說它肯定是不存在；而對於一個並非不存在的東西，我們會說它一定存在；若說一個東西兩者皆是的話，則會被認爲是邏輯上的矛盾。然而，這裡在討論到心的本質時，我們無法說它存在，也不能說它不存在，也不能說這兩種說法之間有所矛盾。

讓炯多傑的願文中這首偈言的第四句話「願證離邊心體之法性」，這裡的「離邊」指的是不落於「有」（存在）與「無」（不存在）的兩個極端。在大圓滿傳統中，遍知的吉美林巴曾寫下與前面三句話幾乎一樣的偈文，他在結語的第三句話說道：「超越言語，也無法被描述。願此殊勝大圓滿——根之本性——能被了悟。」這裡主要想指出的是，不論是大手印或是大圓滿，對於心之本質的瞭解是一致的。

帝洛巴的道歌接著第三句話是「寬坦鬆緩地安住於此，無所棄捨也無所取置」。這裡指的是，大手印的修持並不刻意去產生意識上的種種活動或內容，也不刻意去除、捨棄這些內容，或是強迫心靜止下來。換言之，不是壓抑自心或是將心塑造成某個形態，而是讓心放鬆。

以上即是關於大手印之行止的解釋。

問題與討論

【問題】第一世卡盧仁波切經常說，心的本質是空、明、能顯（unimpeded）。您是否可以解釋「能顯」的涵義？我一直無法明白它的意思，藏文是「瑪．噶卡巴」（*ma gakpa*）。

【仁波切】「瑪．噶卡巴」，意思是自心「無止息的顯現」，是明性的一個層面。如果以空性與明性這兩個概念來描述心，那麼無止息的顯現也包含在裡面了。但是，你也可以加以詳細的描述，說心的本質是空性、明性，以及無止息的顯現。

要解釋「心無止息的顯現」，比較容易的是先回頭解釋空性。正如你所瞭解的，心是空性，因為當你去尋找心時，什麼也找不著。它沒有任何實質的特性，也沒有實質上的存在。

當試著從思維上去接受所謂的「無實質」這點時，我們便產生了一個「無一物」、「什麼都沒有」的概念。但是如果心真的是「什麼都沒有」的話，你就不可能活著，你的身體將會是一堆沒有活力的物質。所以，當我們說心的本質是空性、沒有任何實質性的同時，顯現卻是從不止息。「瑪·噶卡巴」的基本意義是「什麼都沒有」卻「從不止息」。「從不止息」的意思是說，你仍然可以思維、記憶，仍然可以去經驗。那個「從不止息」，若硬要給一個名字的話，即是「明性」。「從不止息」是「明性」本身無礙、從不止息的特質。因此，通常稱之為「無止息的顯現」，藏文拼音是「囊哇·瑪·噶卡巴」（*nang wa ma gakpa*），無止息的微光、展現、圖像等。

【問題】仁波切，您提到「跳躍」、「超越關口」等。怎樣可以讓人少走冤枉路？怎樣可以讓人有「跳躍」或「躍升」的能力？在那洛巴與密勒日巴的故事中，在證悟自心本質之前，似乎他們都得經歷極大的磨難或苦行。在現代文化中，我們是否也必須經歷類似的苦行？這是否就是讓我們能夠「跳躍」的一個準備？

【仁波切】我們必須先對「單純地認出自心本質」與「完全地證悟自心本質」做一個區分。若只是認出自心本質，是不需要經歷如密勒日巴尊者等英雄式的苦行。但是若要達到對自心本質的完全了悟，這些苦行可能有所必要。

舉個例子來說，當密勒日巴第一次受到馬爾巴的指導時，他當下就認出了他的自心本質；這是因爲馬爾巴解釋給他聽，而他也能夠領會。但是，密勒日巴後來的種種磨難與苦行，就是爲了要能夠完全證悟他一開始就認出的心性③。

至於說這樣的苦行在現代是否需要，當然了，如果你能夠承擔那種程度的苦行，這是最好的了，因爲能夠很快地得到大成就。但是你也不應該就認爲修持的成敗，單單取決於是否能夠承受密勒日巴式的苦行。因爲對於自心本質上任何程度的證悟，都會讓你的修行與生活有完全的價值與意義。

③弟子第一次認出自心的本質，是在上師的引介下所產生的經驗；可能發生於聽課當中、儀式進行當中、或是在導引下的禪修當中。這個體驗是弟子日後修行的基礎，目的是為了讓弟子嫻熟、習慣於以被指出的自心本質來經驗世界。藉由道上的修持，當弟子的經驗達到不可言說的佛果時，也就是完全證悟自心本質之際。【喇嘛札西南嘉】

如果你能得到密勒日巴百分之百的證悟，當然是非常殊勝。但是即使是百分之五十、百分之二十五、或是百分之十、百分之五，甚至是百分之一，仍然是很了不起。你不應該只因比不上密勒日巴的行止，就認爲自己不夠資格稱爲修行人。要知道，你所做的任何份量的大手印修持，都會帶來很強固的利益。

【問題】仁波切，我所想的是有關於「施身法」的問題。「施身法」當中提到各種與證悟大手印有關的魔障。您是否可以解釋一下，我們在修持大手印時可能會遇到的障礙？例如，可否深入解釋何謂蘊魔？

【仁波切】首先，「施身法」（斷境法）是大手印法門，是屬於大手印當中的一支傳承。事實上，它的藏文名稱是「絕餘·恰嘉·千波」（*chödyul chakgya chenpo*），也就是「施身大手印」或「斷境大手印」。

「施身法」是大手印見地的一種修持方法。通常所說的「施身法」是透過能引發恐懼與煩惱的情境，來修持大手印的見地。你所面對的是能引起內在煩惱的情境，或是會讓你感到恐懼的外在事物，如鬼魅等等。你要學習的是去斷除自己對這些情境的恐懼與思維概念。

如果在這種極端緊張的情況下，你都能夠斷除煩惱與恐懼，那麼在任何情況下，你也就能夠安住在自心的本質當中。修持「施身法」的目的，在於增廣並加深你對大手印、也是對自心本質的認證。

「施身法」提到有四種魔：蘊魔（有形）、死魔（無形）、我慢魔（煩惱魔）、天子魔。蘊魔是在各種緣會下所產生的，特別是當你內在的煩惱與體內的種種狀況，如某種能量在氣脈中運行時，你將某個東西認為是一個外在的魔，認為它是一個外在的顯現，是在你之外、與你分開的一個有形的東西。因此，它被稱之為蘊魔或有形魔。

面對這種情況的重點是，你要瞭解，當你的心安住時，你並不會看到這些東西。只有當四大元素不調、或因其它類似情況而使得心受到煩擾時，你才會看見它們。而看待這些魔障的方法，就是直接地斷除「認為它們實有且獨立存在於你之外」的任何想法，要認出它們只是你本身內在的生命與活動的自然顯現。如此這般，透過對它們的經驗並斷除對它們存在的執著，你將能進一步地認出萬法的本質（法性，dharmata）。

【問題】仁波切，能否多談談在語言方面的行止？

【仁波切】由於大手印是解脫道法門，因此，語的行止的要點就是沒有任何唸誦或是語言上的修持。基本上，大手印中語的修持就是靜默。再來與這個相關的，還有將所感知到的聲音或與聲音有關的一切，視為如同沒有實質性的回音，是聲空不二的。

在身、語、意來說，這個章節的重點都是一樣的，即是大手印的精義在於不涉及任何特別的努力。但這並不是說，一旦你修持大手印，就必須放棄咒語的唸誦，或是要停止工作，或是不能走動。不是這個意思。它的意思是，大手印的修持並沒有一個身體上特定的活動，也沒有一個語言上特定的活動，像是唸誦咒語、儀軌等等，這些都不是修持大手印的要件。

【問題】繼續之前的一個問題，可否請仁波切談談無實質性？

【仁波切】這裡的偈文是「視聲音為聲空不二如山谷的回音」，正是說明了大手印中如此修持語言的原因。之所以沒有任何特定的語言上的活動，是因為語言與聲音都只是空性以聲音的形式展現出來而已；它們只是空性的諸多展現之一，就此意義而言，它們就好比是回音一般，並不是一個真實的東西，而只是你正在經驗的東西。所以，不論任何聲音，都具有相同的本質，也因此無須特別去做語言上的什麼修持了。

【問題】 仁波切，可否談談虔敬心在大手印的地位？虔敬心與大手印的關係爲何？

【仁波切】 虔敬心在大手印的修持上有兩個作用。可以說一者是虔敬心的立即作用或是即刻的利益，另一者是虔敬心主要的眞正作用。

就其立即作用而言，有時當你以強烈的虔敬心來祈請根本上師或傳承上師時，你對事情的認知、你的觀感就完全改變了。剎那間，你對於世界的觀感產生巨大的變化，而其帶來的立即結果是，你有了長足的進步。舉例來說，如果你一直都沒有經驗到或認出自心的本質，那麼這個時候，你突然就能經驗到了；或者你之前的體驗，在這個時候突然更深入了。這是因爲虔敬心帶來加持，而加持帶來進步。所以，這是虔敬心的即刻、短期的利益。

但是虔敬心的眞正作用，甚至比這個更簡單、更基本。比方說，你愈是對某個事物有信心與興趣，你愈是會投入其中。同樣地，你對大手印的信心有多大，你對大手印的興趣就有多大；你愈是認爲大手印是値得修持的正法，你愈是會精進地去修持。

如果你缺乏虔敬心，代表了你對大手印有所懷疑。如果你心想：「怎麼這麼簡單？這怎麼可能行得通？」「哦！就這麼簡單的玩意啊？」如果你這麼想，覺得有點可疑，然後對它不信任，顯然地，你是不會去修持的。

一旦一個人有了這種懷疑的態度，無論教他多少遍大手印，無論他獲得多少修行的口訣，明顯地對他一點用處也沒有——原因在於他不相信。但是，如果對大手印有百分之百的信心，也就是說，有百分之百的虔敬心，你就會有百分之百的精進；有百分之五十的信心，就有百分之五十的精進。雖然這裡我們談的是大手印，但是對所有的事情來說，無論是修行上或是世間法上，虔敬心的作用事實上是一致的。你愈是對某件事有信心，你愈是會投入其中，然後，你愈是能夠有所收穫。

9 大手印的禪修

這個章節要解釋的是偈文的第三個主題——大手印的禪修。

偈文一開始是：

【11】此心如無所寄是爲大手印，於彼串習相合得無上菩提。

無所設想的心，即是大手印；

依此薰習勤修、與之融合，你一定能夠證得無上正覺。

偈言中，藏文「爹梭」（*te-so*）的意思是「標地」、「意向」或「參考點」。這句話是說，如果你沒有在設想，或做「這個存在、那個不存在」等等的思維，也就是說，沒有生起第六識「意識」以及意識所帶來的迷妄，你就能安住在直接的經驗當中。

心沒有設定在某個東西上面時，心的直接經驗是有可能的，這也是此處所需要的。此外，當我們開始練習這個修持時，並非單純地只是隨緣而修，而是要持續不斷地練習，也就是「薰習入道」，在上座禪修與座間都要實際運用這個「直接經驗」的要點。所謂的修持有兩個層面：上座禪修時所經驗到的「跳躍」，與下座日常生活中所經驗到的「認出」。如果按照這個方法去修持，你將能夠獲得無上的證悟。

說明大手印的禪修方法之後，現在接著解釋什麼不是大手印，也就是說，若是對某個見地有所執著，將無法成就大手印。這點無關乎見地的深淺與高低。原偈文是這麼說的：

【12】說密咒及說波羅密乘，戒律契經三藏諸種等，
以此各自典籍及宗義，不能觀見光明大手印。

那些密續、波羅密乘、
經藏、以及律藏等追隨者，
以各自傳承（概念性）的典籍與宗義，
也無法見到光明的大手印。

這裡所說的「密續的追隨者」，指的是那些修習金剛乘、但卻不明白此大手印要點的人。換言之，沒有大手印的金剛乘是無法成就的。同樣地，大乘佛法六度波羅蜜的修持，若是能與大手印相結合，則有助於對大手印的證悟；但是若缺乏大手印這個要素，也無法證悟大手印，而這裡列出的其它種種法門同理也無法得到大手印的證悟。

這裡的重點是：無論是怎樣的見地，只要你的見地仍然是屬於概念上的，都不是大手印，而且也無法讓你經驗到或是證悟大手印。

這個章節的第一個偈頌解釋了大手印的禪修方法，第二個偈頌則是有關於無法證悟大手印的因素；換言之，錯失了此大手印的要點，進行各種修持也無法證悟。在確立其它一切概念上的見地若缺乏大手印便無法成就的觀念後，下面偈頌的第一句話接著解釋其原因：

【13-1】意求生障而不見光明

因爲意圖與欲求的生起，反而障蔽他們而無法見到光明。

這裡的「意圖與欲求」意思是，任何概念上的見地都是由思維、分別而來，而分別則是源於迷惑、無明。因此，概念上的見地，無論看起來多麼地高深，本身就是自心本質上的一個直接障礙，讓人無法直接地明心見性。那麼，此障蔽住自心本質的、讓人無法直接經驗到自心本質的，事實上就是這個概念上的見地、就是由智識的執著而形成的論點。

因此，無論做什麼樣的修持，重點是心中沒有任何標地、目標與參考點，直接去經驗心的本質，而不是將它概念化或變成一種推論的評估。否則，你所做的任何修持，都將無法產生大手印的了悟。

問題與討論

【問題】仁波切，您在提到心的本質時，其中一個層面是心之能顯。我在想，是不是可以用「無常」的觀念來理解呢？無論是念頭或是聲音，由於「無常」，它們終會消逝，然後有新的事物生起。這麼去理解可以嗎？

【仁波切】實際上，「無止息的變化」、「無止息的顯現」更接近的是「常」與「持續」的觀念，而不是「無常」。這個詞的涵義是「常」、「不滅的」，「因為『不滅』，所以是為『常』」，所描述的是自心本質的一個特質。佛法主要教義的「四法印」，其中一個是「一切有為法（因緣和合而成的事物）皆是無常」。因此，如果你認為任何因緣和合而成的事物是恆常的話，這並非是佛法的觀點。

但是當我們說：「自心本質具有無止息的展現」時，這並非是指因緣和合之物的實質性，而是說，由於「心的**本質**」沒有一個可被指出的實質存在，因此，心的本質不生，所以也就不滅。

但是，念頭或是事物並非不滅的，因爲它的確看似有生起與止滅。例如，念頭是認知力的展現、認知的經驗、或是認知力之明性的展現，而認知力的明性所展現出的某個念頭，的確會生起並息滅。因此，我們不能說念頭是不滅的。但是，生滅的念頭來於斯、源於斯的心之本質，卻是不滅的，它超越四邊❶與概念思維，所以，心的本質的空性被經驗爲一種不止息的顯現。因此它更接近於「常」與「持續性」的說法，而且雖然它是一種不變的特質，卻完全不具任何實質性。

【問題】您提到無論是在上座禪修或是下座後，我們必須持續地練習對心的直接經驗，並且熟悉它。我不明白的是：在上座禪修時，練習的是「躍出概念」的經驗，而下座後要練習的是「認出」的經驗。我想您已解釋過了「躍出」的意思，但是我比較不懂的是「認出」的經驗是什麼意思？

【仁波切】上座、或安住時的「躍出概念」經驗與下座後的「認出」經驗的區別，在於上座或安住時，因爲不會有太多念頭的生起，所以這個上座禪修比較不屬於「認出念頭」的修持，而只要直截了當地經驗心的本質即可。

但是下座後，因爲活動比較多，念頭比較容易生起，所以下座後的修持，比較是在於持續地去「認出」的大手印的本質，並且在這當中去經驗所生起的念頭。也就是要將上座禪修時的「躍出概念」經驗，儘量地延續到下座之後。下座與上座的不同點在於，下座後因爲有活動，所以有念頭的生起。總之，這兩者相輔相成，彼此增益。

【問題】可否請您釐清心無法被看見或是被檢視？但是您之前說要直接地看著自心，也就是以心觀心。

【仁波切】嗯！這類的說法，是文字上經常會發生的矛盾。同一部經文有時說：「看著你的心」，接下來又說：「你無法看見心」，或者它會說：「心看著無可見之心」等等①。

之所以有這些矛盾的說法與矛盾的指示，是因爲心的本質與如何去經驗心，其實是無法

❶四邊指的是有、無、既有又無、非有亦非無，此四種情況。

①這裡的「看」（look）顯然是與眼睛的視覺沒有關連。這個字的使用是相對於「分析、檢驗」等帶著推理、認知等意味的詞，因為在「看著心」的時候，是不帶有分析與檢驗成份的。因此，「看著心」意味著直接而非概念性的觀察。

眞正地以任何文字來說明——我們既不能說心存在，也不能說心不存在；我們不能說你可以看見心，也不能說你無法看見心；這些都不是對心的本質、或對心的體驗的一個正確或精準的描述。

同時，雖然我們無法眞正地談論「心的本質」，但是卻也不能什麼都不說，因爲那樣就沒有解釋、也沒有溝通。因此，雖然這麼做會有一般語言上的矛盾，我們還是需要給一個方向、給予指導，所以我們會這麼說：「禪修時，做這個，不要做那個」云云。

因此，在某些地方，我們說「心的本質被看見了」，但是並不是如字面上所說的「被看見」。例如，現在我看著面前桌上的鈴與金剛杵，不但我可以眞的以眼睛看到它們，你也可以。但是，我們卻無法以眼睛去看見自心的本質。儘管如此，我們還是要嘗試著以某種溝通的方式去說明。

同時，雖然心的本質超越思維與描述，但是並非不可能被了悟，事實上，對自心本質的了悟的確能達到佛性的覺醒。我們可以看到過去的大成就者們已經了悟到它，而我們現在對它進行禪修，將來也能夠了悟到它，也同樣可以達到佛的果位。

雖然要完全正確地描述「心的本質」是不可能的，但若因此就認爲：「噢！沒有人見過，那我最好也就算了吧！」這是不正確的。雖然在一般的角度而言，會有看似彼此矛盾的說法，但是實際上，它們並不是眞正地矛盾②。

【問題】當您在說心的本質（nature）時，指的也是心的體性（essence）嗎？

【仁波切】藏文的「偶沃」（*ngo-wo*）是「本質或本性」，「南漸」（*nam-jen*）是「體性」，而「內祿」（*nay-lug*）是「實相」，這些都是可以使用的不同詞彙，但是它們指稱的卻是同樣一件事情，你可以稱它爲「本質」、「本性」或是「實相」。

---

②如果你讀過不少經典的話，特別是研讀過月稱論師的《入中論》以及寂天菩薩的《入菩薩行論》的話，你可能會記得《入菩薩行論》第九章〈智慧品〉中，有一句話是這麼說的：「心不可能覺知到它自身。」這些中觀學派的經文教導了這點，其背後有許多原因。堪千創古仁波切對於這個看似迥異的論點，做了以下的註解：「此處經文所說的，是針對主張實存的學派之論點加以駁斥；這些學派主張有實質存在的心，能夠覺知到它自己的實質存在，如眼睛可以實際看到某個外顯的、具有形相的東西一般。」這裡的中觀論點與大手印的禪修和見地並不牴觸，「因為月稱論師與寂天菩薩此處所要探討或駁斥的，是針對實存的心能夠覺知到其自身，有如覺知到一個實質存在的東西一般。」這個論點被明確地駁斥為不可能。

在大手印修持中，「我們說心的本質是空性、主要特性或功用是明性。心看著自身，觀照到自身的空性，並且經由對空性的覺知，認出自身認知作用的明性。這與實存的東西看著它實存的自身是截然不同的。」

基本上，這裡所指的心的本質、精髓或體性，也可以稱之爲心直接的、赤裸的本質。我們可以這樣子來解釋：通常處在迷惑狀態的我們，往往是從一個剛剛消逝的念頭，跳躍到下一個正要生起的念頭，因此所經驗到的心顯然看似堅實。這種念念相續下所經驗到的堅實性，是因爲過去念、未來念接踵而至的相續性所造成。

但是如果我們能直接安住在當下，就能夠經驗到前念已逝、後念未起的中間空檔。念頭可以有所起落，但心本身卻無來去，也無所駐留。從這個角度來看，心的本質有如虛空，但又不同於虛空，因爲它還具有明性、感知的能力。

但是當你試著去理解心的本質、去思維它時，比如說將它描述爲：「它就是像這個東西一樣。」不論你用什麼東西來描述它，最終都會遇到偈文所提到的問題：「因爲意圖與欲求的生起，反而障蔽他們而無法見到大手印的光明。」

反之，如果你直接地對它進行禪修，直接去經驗它，你便能夠直接領會它。這大致就是我們所說的，心的體性或本質。

10 大手印的三昧耶戒

這個章節是偈文七個主題中的第四個——大手印的三昧耶戒，或稱為大手印的誓願。此偈頌的一開始是這麼說的：

【13-2】

因念護戒而損誓言義，遠離作意欲求與意圖，
自生自息有如水波浪，無住無緣如不越此義，
不越誓言是爲暗中燈。

透過概念思維來持戒，反倒損壞了你的三昧耶戒。

既無意圖，也不造作思維，
任念頭如水上波紋自生起、自止滅。
不悖離無所住與無所緣的勝義，就是持守三昧耶戒，
而這即是破除一切黑暗的火炬。

「三昧耶」是梵文的發音，藏文翻譯成「檔詞」（*dam-zig*），其中第一個字「檔」，意思是誓言、誓願，亦即一種承諾，應允著：「我將會做這些事情等等。」第二個字「詞」，平常的意思是「詞句」或「詞組」，但在此是「連接處」、「邊界」、「邊境」的意思，例如竹子的竹節就稱之爲「詞」。

三昧耶指的是「不能逾越的」，就好比是一個極限、邊境或邊界。它有時會被誤解爲在灌頂時人們所做的誓言。例如，他們會以爲接受灌頂後，就受到三昧耶的約束而必須唸誦這個灌頂的咒語，至少一天一百遍；然後，如果一天沒唸，就會有不幸的事情發生，不但破了

三昧耶，同時還會墮落到下三道等等。

當然了，你若是能這樣努力修持當然很好，但若不這麼做，也不代表破了三昧耶。有些人認爲三昧耶極度地微細、危險，如果對這個誓言有所違背，即便是一點小小的閃失，便會直墮下三道——並不是這樣的。

但如果你問道，三昧耶戒是否不甚重要、是否可以忽視，這也絕對並非如此。我們最終需要的是獲得解脫，解脫唯有來自修持，而修持唯有來自精進。因此，個人對修持的承諾是很重要的，還有想著：「我會做這麼多的修持，我會遵循我的根本上師的指導與要求」等等，諸如此類的想法非常重要。因爲承諾要依教修持的話，你的修持將能帶來解脫的果位。如果你沒有實踐你的承諾，只是嘴上說說罷了，那麼，無論你參加過怎樣的儀式，也毫無意義可言。但也並不是說，一旦無法實踐承諾，你就馬上變成一個損毀了三昧耶戒的人，然後直接墮入下三道。但無論如何，重要的還是去實踐、貫徹你對修持的承諾。

此處上下文所講的三昧耶戒，是大手印的見地與禪修的三昧耶戒，也就是偈子的第一句話：「透過概念思維來持戒，反倒損壞了你的三昧耶戒。」

就實用的角度而言，從世俗諦來看，顯然有必要對正確的行爲有所警覺，而不至於讓自己耽於任何有害的惡行，這是必須且非常好的。這種正念覺察與正知警覺當然很重要；我們固然不要放逸，但是同時有關於「我正在守這些戒」、「我正在做這個」、「我會去做這件事、不會去做那件事」等等的念頭，這些想法與對念頭的執著是會障礙大手印的禪修與安住的，因爲這些都是被緊緊執持的概念。因此就這個角度而言，如果說對於所守的戒律有著概念上的執著，就會與勝義諦的三昧耶戒——亦即大手印的三昧耶戒，有所衝突。

大手印的三昧耶戒不是有所意圖，也非有所遏止。不是一直想著：「我要做這個，我不能做那個。」而是一種無所求、也無所執著的狀態，如偈頌的下一句話所說的：「既無意圖，也不造作思維」，這裡的「無意圖」指的是不執著於實質性或無實質性，存在或是不存在等概念。大手印的三昧耶戒是爲了增長對自心本質的經驗，亦即能夠讓我們經驗到心的本質，而非去試著創造出一個概念化的經驗。

當我們這樣做、這樣去練習的時候，念頭當然還是會生起，然後下一句便說道：「任念頭如水上波紋自生起、自止滅。」這裡的意思是，看上去是自己生起的念頭，也以同樣的方式自己消逝，並不需要特意地將它趕走或捨棄。這句話所用的意象是水上的波紋，它一定會消逝，甚至在它完全展現之前就消失了。由於念頭即是自心無所障礙、無止息的展現，因此沒有必要去拋棄它，也沒有必要將之視爲障礙。總之，念頭並非是需要特意捨棄的東西。

下一句接著說：「不悖離無所住與無所緣的勝義，就是持守三昧耶戒。」這句話所講的三個要點，是關於如何以大手印的三昧耶戒來進行修持。

首先講到第一點「無所住」。一般而言，我們認爲的禪修包括有心的止、心的定或是心的安住；當我們經驗到心「止定」的時候，並不是心就眞的定住，因爲並沒有一個地方讓心定住，我們無法說出心定住在任何一個地方，同時，心也不是一個可以定住的東西，因此，沒有可定住者，也沒有所謂的「定住」可言。如果經驗到心定住在某個地方的話，那麼這就是一個概念化的經驗，而不是一個直接的體驗。

再來第二點「無所緣」，意思是在大手印的修持中，並沒有一個修行的對境或是禪修的參考點，也沒有眞實存在的認知可以去感知對境，所以這裡說沒有任何一個參考點。

第三點「不悖離勝義」。我們可能會想說既然這是一個無所住、也無所緣的狀態，肯定是空空如也，什麼都沒有——並非如此。這裡「勝義」是指對自心本質的認證。「不悖離」的意思是說，專注於對自心本質的認知，不要偏離、不要散逸。也就是說，不特意地去擺脫念頭，也不受到念頭的控制或是失控，而是要保持著對自心本質的覺知與認持。

這三點是大手印的三昧耶戒所要採取的，而之前提到「試圖去擺脫念頭」則是三昧耶戒所要捨棄的。如法地去行持這樣的取捨之理，就是持守清淨的三昧耶戒。

最後的句子總結了這個偈頌：「這即是破除一切黑暗的火炬。」

接下來的偈頌是：

【14-1】離諸意求不住於邊見，三藏諸法能見盡無餘。

遠離意圖與欲求，不執著於邊見，
你一定能夠證得所有三藏佛法的眞意。

這裡所謂的遠離「邊見」，在《究竟一乘寶性論》與其它的密續典籍中都有提到：「不需要減少什麼，也不需要增加什麼。如實地看著那純正圓滿的本質，你將能證得純正圓滿的覺悟。」當然了，從世俗諦的角度而言，我們仍然可以說有許多需要去淨除的，也可能有些是需要增益的地方。

但是這裡的重點是，對於心的本質而言，並沒有什麼需要淨除的，也沒有什麼需要增益的。意思是說，經驗心的本質的正確方法，便是不加以概念化或具體化，不去思維心是「存在」還是「不存在」等等，也就是不用邏輯思維去評量它。

若是能一直保持著不將心予以概念化，那麼，你將能了悟一切佛法的眞諦、了悟三藏經典的精髓。原因在於，保持這個狀態就不至於陷入「存在」與「不存在」的邊見，也就是持守清淨三昧耶。這句話同時表達了持守清淨三昧耶的善果（了悟一切佛法的眞諦），並顯示出持守清淨三昧耶之必要性。

佛陀所給予的一切法教可類歸成三藏經典：討論戒律的《律藏》，討論三摩地或禪定的《經藏》，以及討論知識的《論藏》。我們也可以針對它們不同的對治標的來區分；一般而言，佛陀講授了兩萬一千種歸類於《律藏》的戒律法門，用以對治貪執；兩萬一千種歸類於《經藏》的禪修法門以對治瞋恨；兩萬一千種歸類於《論藏》的知識法門以對治愚癡；另外還有兩萬一千件同時對治貪瞋癡三種煩惱的法門，這指的可能是密續。

因此，我們說佛陀講授了八萬四千種法門，要知曉所有的內容顯然很難。但是佛法度眾的方式是，只要能完全瞭解其中的一個層面，就能獲得解脫，或是能夠觸類旁通地瞭解所有其它部分，這也就是這句話所要表達的：若是能認出心超越「存在」與「不存在」的本質，即能了悟一切佛法的精髓。

11 修持大手印的利益

【14-2】

專注此義脫離輪迴獄，安住此義燒一切罪障，

你如果能專注（領會）大手印的眞義，必定能從輪迴的牢獄中解脫。你如果能安住於大手印的眞義中，必定能焚盡一切罪障。

第一句講的是淨除輪迴果報，第二句講的是淨除遭此輪迴果報之因，亦即惡行與無明障蔽。這些是在說明，如果你能瞭解大手印的見地、進行大手印禪修、謹遵大手印行止，並且能夠持守大手印的三昧耶戒的話，你必定能夠解脫。

通常來說，不論我們經驗到的是痛苦也好、快樂也好，處於上三道也好、下三道也好，全部都是在輪迴當中。不管是多麼地痛苦或是多麼地快樂，基本性質都是一樣的，都像是在牢獄當中，我們受其桎梏而不得脫身。這原因在於我們的心受到念頭的驅使，受到概念手鐐腳銬般的束縛，令我們無法放下障礙，無法開展我們的功德，而誤將不存在視爲存在、將存在視爲不存在等等。

在這樣的情況下，我們可能還是能夠行善，而行善的確是能有福報，但是單單靠福報是無法了悟的；唯有大手印的了悟才能夠帶來解脫。這個意思是說，我們必須要帶著大手印的見解，去做任何一個善行。如果在練習生起次第時，你有著大手印的見地，這個修持就能成爲一個解脫的因。同樣地，即使是在行最微小的佈施時，你帶著大手印的見地去做，它也會變成一個解脫的因。以大手印的見解來行持六度波羅蜜中的任何一項，都能成爲解脫的因。換言之，當大手印三輪體空的見解（無能行之人、無受行之對象，以及無所行之事），融貫到你所有的活動當中時，就能令你解脫輪迴的牢獄而證得遍知的佛果。

偈文的第二句話：「你如果能安住於大手印的眞義中，必定能焚盡一切罪障。」這裡將大手印比喻爲火炬。就像星星之火可以燎原一般，同樣地，大手印的火炬也能夠將我們無始以來的罪障完全焚盡。由此而言，大手印是最殊勝的淨障法。

當然了，通常我們說，若是沒有俯首懺悔所做的惡行（如十惡業、五無間罪），將會導致痛苦與障礙等等。但這裡的重點是，大手印的修持可以將行爲所留下的印記、習性①焚毀。惡行的根源即是煩惱（煩惱障）和無明（所知障）此二障②，與惡行本身同樣都是覆障；而覆障對於禪修與善行，都是一種巨大的障礙。譬如說，若是內心受到煩惱的強烈控

①「習性」（英文：latency，梵文：*vasana*，藏文：*bakchak*）指的是潛藏的印記，透過第七意識的作用而進入第八意識。這些習性或印記顯然並非是實際的經驗，被比擬為遠離土壤、水與陽光的未萌芽種子。習性可以是正面、負面或是中性的，取決於它是來自於正面、負面或是中性的行為或念頭。之後，這些習性或印記受到經驗的活化，而創造出我們所感知的堅實世界。

②心沒有認出其自身的本質，便是無明（藏文：*ma rigpa*）或愚癡，是心的第一層障礙（所知障，obscuration of knowledge）。基於無明，心中便產生了「自」與「他」的二元分別概念；「他」指的是有別於自心的某樣東西。我們對此二元概念的執著，無始以來就有、而且從來沒有停止過（直至證悟佛果才會終止），是心的第二層障礙「習氣障」（obscuration of habitual tendency）。基於對二元概念的執著，而生起三根本煩惱：貪、瞋、癡（也就是無明、迷惑、妄想）。基於三根本煩惱，衍生出佛陀所說的八萬四千種煩惱，這一切煩惱則形成了心的第三層障礙「煩惱障」（obscuration of kleshas or mental affliction）。在煩惱的影響下，我們造作種種能產生更多覆障的行為，形成了心的第四層障礙「業障」。【卡盧仁波切】

制，不但無法安定下來禪修，更不可能做出什麼善事。同樣地，無明也是極大的障礙，當內心受到這種「無明」與執著等念頭強烈的驅使時，也會障礙我們的禪修。但是從另一個方面來看，如果能夠安住在大手印當中，就能夠焚斷這些覆障。因此，就像是這個偈文中的第三句話所言：

【14-3】說此是為法教之明燈。

因為這些原因，所以將大手印稱為法教中的明燈。

這句偈文的意思就像之前幾句偈文所講的：大手印本身能夠彰顯照亮法教的其它各個層面，令它們更有效益。這並不是說其它法教就沒有存在的必要；如果說除了大手印之外，其它法教都沒有修持價值的話，那麼佛陀所教授的八萬四千法門就毫無意義可言了。事實上，在修持大手印的過程當中，我們經歷各種層面的訓練，如四共加行與四不共加行，以及各種上師相應法、本尊法的練習等等。重點是，這些修持並非無用，而是必須融入大手印的見地才能發生效用。

舉例而言，以大手印的見地進行大禮拜的修持，就會變成剷除惡行與覆障的一個非常強而有力的方法。修持金剛薩埵以及其它的修持也是這樣。因爲大手印能讓佛法產生效益，所以稱之爲「法教大明燈」。

有些時候我們會聽到已修持好一段時間的人說，他們做了這樣那樣的修持，但是什麼也沒獲得，好像這些教法完全不靈光。這個問題就在於，他們修持時並沒有具備大手印的見地。因此，不具大手印見地的修行，將無法獲致任何的功德。

12 不修持大手印的過患

這個章節是關於不修持大手印的過患。

【15-1】

不求此義諸凡夫愚者，常溺輪迴之河而淪喪，

對於此眞義沒有興趣的愚蒙之輩，

只會不斷地淪喪在輪迴的河流當中。

這裡的「此眞義」指的是自心的本質，我們在上座禪修與座間都應該要去經驗它。「對於此眞義沒有興趣的愚蒙之輩」這句話所要講的是：雖然說善行必然帶來幸福快樂等等，但若缺乏對自心本質的體驗，無論做的是多大的善事，也無法帶來解脫。無論周遭的環境因你

一時的善行而變得多麼美好，由於輪迴的根本原因還沒有斷除，你仍然沒有超脫出輪迴的基本法則，仍舊會不斷地淪喪在輪迴的河流當中，由一種生命形態流轉到另一種生命形態，而沒有任何自主的能力。對於證悟自心本質沒有興趣的人，在此處被稱爲「愚蒙之輩」，乃是因爲他們缺乏般若智慧，缺乏圓滿而正確的知識。

在佛經中，將「般若智慧」（智慧到彼岸）譬爲是佛、菩薩、聲聞、緣覺此四類聖者的母親。不僅是成就佛的完全證悟，就連要獲得無我的阿羅漢之部分證悟，以及成就中觀學派「人無我」與「法無我」①的菩薩之證悟，這個基本的「般若智慧」，也就是對萬法實相某種程度的了悟，一定要有。

因此，單此項「般若智慧」即是解脫的關鍵所在。不僅在小乘是如此，在大乘是如此，在大手印直揭法義與直指心性的教法中，也是如此。

那些不具有對自心本質之認證的善行，雖然也有可能讓行善者具備能經驗到自心本質的善緣，但是並非是對自心本質的認持，因此並沒有立即關鍵的利益，仍然會讓人流轉於輪迴

①無我（selflessness）（藏文拼音 *dag me*）：小乘的有部與經部學派主張除了念頭與情緒的總集外，並沒有一個真實永久存在的「我」。大乘的唯識與中觀學派，則更進一步地將它推及為外在現象也不具有真實的存在。

當中，承受無法忍受的痛苦。於是，偈文的下面接著說：

【15-2】

惡趣痛苦無盡愚夫實可憫，不忍痛苦求脫依上師智者，
加持契入心中自心將解脫。

這些將在惡道受到難忍之苦的愚人，值得我們的悲憫。要從難忍之苦當中解脫出來，必須依止一位有智慧的上師。當上師的加持進入你的心中時，你的心將獲得解脫。

第六個主題提到的是不修持大手印的過患，現在講完了。第七個主題，也就是最後一個主題，將會講到如何修持大手印，篇幅很長、有很多細節。如果對之前所講的有所疑問，請現在就提出來。

問題與討論

【問題】能否請您再翻譯一遍最後的句子？

【譯師】在形容愚人的痛苦時，一個版本寫的是「難忍」，另一個版本寫的是「無量」，然後接著是「愚人（將墮入惡趣）是值得悲憫的」。

【問題】請問何謂「增盛」的功德特質？您曾提到過，若是不修持大手印的見地，就無法具備這種功德特質。

【仁波切】嗯。這個章節所講的並非是說，不證悟大手印就沒有功德特質，而是說，不證悟大手印就無法由輪迴的牢獄裡解脫。那麼，證悟了大手印後才會生起的功德是什麼呢？就是從輪迴牢獄中解脫、焚盡一切覆障與惡行的印記，以及具足佛的功德，比如身形上三十二相好的得證，以及心上爲主的三十二種斷離。首先是完全成就自身的目標，亦即自身的解脫，然後透過自身所開展出來的慈悲、智慧與善巧，就能夠成就利他和解脫眾生的目的。由於大手印恰似一盞明燈，能夠爲證悟它的人帶來這些功德和利益，因此稱之爲「法教大明燈」。

【問題】仁波切，當我在做止的禪修時，有時會有某個念頭生起，而我也沒有特別去觀它，然後，砰！突然它就不見了。因此，我也沒有機會檢視它的組成，它就消逝了……

【仁波切】**根本沒有什麼是實存的**。念頭就是會這樣，不管你有沒有在觀它，也無論你是不是在禪修，念頭最終就是會消失，不會永遠停留在那兒。

【問題】就放下念頭而言，在情緒激動的情況下，好像念頭會不斷地一直生起？

【仁波切】有時強烈的煩惱會生起，有時強烈固執的念頭會生起。以樹來做個比喻，這裡的原因在於我們沒有認出它們的根本，亦即生起的原因，於是便被它的枝葉迷惑住了。無論你有沒有認出情緒、念頭或感受的根本或來由，當你對此進行禪修時，不管是怎麼樣的念頭，以什麼形式展現，當你直接地看著它時，就足以令它自動平息。

爲什麼會這樣呢？因爲當一棵樹的枝葉開始生長茁壯時，便開始遮蓋住樹幹，甚至到了你完全無法看到樹幹，而只能看到枝葉的地步。但是當枝葉開始剝落、枯萎時，你便能將樹幹看得愈來愈清楚。同樣地，當你直接地看著念頭的主幹時，念頭也會如斯地消散、減弱。

13 如何修持大手印

修持大手印的方法

在大手印的七個主題中，我們現在進行到第七個主題——如何修持大手印。我們之前已經討論過大手印的本質、證悟大手印的利益、不修持大手印的過患，也討論到了大手印的見地、禪修與行止。但是，單單知道這些仍然不夠，還必須實際地應用出來。爲了能夠實修大手印，我們必須對大手印的修持有所瞭解。如果能如法地去修持，將能夠產生殊勝的見地與證悟；反之則無。

如何修持大手印前行

這個主題又分爲四項：

1. 如何正確地依止上師並獲得無誤的確信

經由對上師如法的依止，行者便能夠生起穩定的出離心。唯有透過對上師正確的依止，以及透過因此而生起的出離心，方能夠入大手印之門。首先是如何如法地依止上師，偈文如前一章最後一偈，這麼說道：

【15-2】惡趣痛苦無盡愚夫實可憫，不忍痛苦求脫依上師智者，加持契入心中自心將解脫。

這些將在惡道受到難忍之苦的愚人，值得我們的悲憫。要從難忍之苦當中解脫出來，必須依止一位有智慧的上師。當上師的加持進入你的心中時，你的心將獲得解脫。

我們目前仍然處於苦樂交織的輪迴當中。不悅意時，我們便感到身心上難忍的痛苦；悅意時，在那個當下，樣樣事物看上去似乎都不錯，只是快樂向來就不持久。當產生快樂的因緣條件變了，快樂也就消逝了；而因爲有反差，甚至讓快樂本身也變成了產生更多痛苦的原因，這就是三苦當中的「壞苦」。

此外，不穩定與不斷變異的狀態，本身就是會令人感到痛苦，這即是三苦當中的「行苦」。修持的基礎在於能夠「知苦爲苦」，才能夠生起想要從這當中解脫出來的眞正欲求。

一般而言，修持的動機可能有兩種：一種是欲求短期的安樂與保護，也就是想要透過行善而獲得短暫的快樂。雖然這也是善的動機，而且所行也是善業，但因它不是基於對遍行於一切的痛苦的完全認知，所以並非是一個合宜的修持動機。

我們一開始的修持動機，必須是在輪迴的本質即是「三苦」的認識下，而希冀能夠由輪迴中完全地解脫出來。這個出離心的本身，即是因正確依止上師而受到的啓發。

有人可能會問：爲什麼要依止上師呢？原因在於，爲獲得究竟的解脫而進行修持時，是有別於一般世間的活動的。就一般世間的學習而言，有些情況下需要有老師，另外一些情況下只需依靠自己的聰明才智即可。此兩者都是依靠著世間的聰明才智，前者是依靠著老師的聰明才智，後者則是依靠著自己的聰明才智。

但在這裡我們要學習的是大手印，它的本質超越心的思維概念，任何人都無法透過世俗的聰明才智來瞭解。因此能幫助一個人修持大手印的，唯有具有證量與傳承口傳的上師。所謂「具有證量」，指的是這個上師必須對「諸法實相」（法性）有實際的證悟經驗，同時也必須有能力為學生指出這個超越智識的本質。

偈文中提到「必須依止一位有智慧的上師」，指的是博學、善巧的上師。所謂的「博學」可能有兩種意義：對文字上的精通，或是對涵義上的精通。在此，光是對文字博學精通的上師並沒有太大的利益，我們需要的是一位精通大手印涵義的上師，也就是說，他對大手印的涵義有親證的體驗。

你們當中大部分的人可能都已讀過那洛巴的傳記，他的故事即是一個很好的範例。那洛巴在成為那瀾陀大學執教的一位大學者、大班智達之後，有一天坐在寺院外讀書時，一位智慧空行母所化現的老嫗驅前問他，他所瞭解的是涵義、還是文字而已。根據他的回答，她預示那洛巴必須依止已經了悟真義的帝洛巴。這個故事告訴我們，依止一位能真正幫助我們瞭解涵義而非僅僅是文字的上師，的確有其必要性。

再者，依止如是上師，讓我們得以籠罩在殊勝莊嚴的氛圍當中，也就是因上師加持入心，而生起了殊勝的體驗與了悟①。這即是偈文第二句話所說的，需要依止如是上師的第二個原因：「當上師的加持進入你的心中時，你的心將獲得解脫。」

那麼，依止上師究竟有什麼利益？而上師具有的又是什麼樣的力量呢？依止上師的眞正利益在於，根本上師的加持力能夠加被到我們身上、能夠眞正進入我們的心中，從而讓我們的心獲得解脫。意思是說，通常我們的心反覆受到「存在（有）」與「不存在（無）」等思維概念的層層束縛，實際上是沒有能力讓自己解脫的。我們普遍經歷的過程是：不斷增強的執著，導致不斷增強的煩惱與妄想；相反地，如果能生起穩定的出離心以及對具德根本上師的虔敬心的話，那麼出離心、虔敬心與如法的具德上師此三者因緣條件的會遇，就能斬斷概念思維的羅網，令我們的心解脫自由。這也是需要依止一位善巧上師的原因。

因此，從依止一位如法的上師開始，接著需要培養的是出離心，或者說是對出離心進行禪修。偈文是這麼說的：

①當我們對佛法、對上師有信心，而且能敞開心門時，便獲得了加持。這能啓發我們遵循上師與修法的指示，使我們獲得體驗與了悟。有時我們的信心強烈到足以克服障礙，而能很快地獲得體驗。

【16-1】

嗟呼，輪迴世法無義痛苦因，
所作世法無實義故應依具義法。

輪迴當中的事情，沒有任何意義，只是痛苦的根源罷了。
既然所做的這些事情毫無意義，就應該專注於有意義的修持上。

我們之所以在三界中輪迴流轉，是因爲我們的內心其實是很幼稚、易受矇騙、又容易散亂的，而我們所感知的外在顯相卻又鮮活地令人印象深刻。這樣一個幼稚的心，加上心所經歷的這些活靈活現的顯相，讓我們變得極度散亂，因而從出生到死亡，我們的一生都在迷惑與焦慮當中度過。不僅我們的思維方式是基於這樣的迷惑，我們說話的方式和使用言語的方式，則更加深了這個迷惑，然後我們身體上的許多行爲也完全與這個迷惑有關。這最終所導致的一個情況是，我們得不到任何的成果、意義與利益。

更進一步來說，這也絕對無法讓我們由痛苦中解脫出來。在未經仔細地檢視下，我們的行為看似可以產生短暫的利益，但即使這短暫利益也不是眞實存在的；若是去分析行為所帶來的確實後果，我們就會發現，我們的行為不僅對自己無益，反而招致痛苦。

基於與外在顯相的這種關係，我們所在乎的事通常會導致我們長期焦躁不安。我們所說的言論，幾乎無一倖免地讓我們的貪執與瞋恨增強，導致身心上的痛苦。而我們身體上的行為，幾乎可說就是身體上痛苦的原因。

再者，任何造作出來的境遇，最終是毀壞；任何聚積所成的事物，最終是耗盡；任何形式的相伴，最終是分離；任何生命的最終是死亡，所有生起的顯相最終則是止滅。因此，這世間的一切，就像這裡所說的，毫無用處。那麼，我們也就不應將精力放在這些事物上，而應該就像偈文所說的，「應該專注於有意義的修持上」，也就是勝義諦與大手印的本質；當我們修持它時，本身即能帶來短暫與長久的快樂，以及究竟解脫的成果。相較於世間毫無利益的事物，我們便稱之為「能帶來成果的益事」。

之所以能夠帶來短期的快樂，是因為修持時能產生平靜、快樂的心境。但原則上，能帶來究竟的解脫，也就是圓滿遍知的佛果以及永絕一切的痛苦。因此，實際的禪修絕對有其必要。

首先，我們要依止一位如法的具德上師，然後領受上師的加持，接著必須實際地去禪修，並且不斷地練習；如果捨棄了禪修，就好比是在獲得了財寶後，卻不好好珍惜一般地不恰當。當我們的禪修開始有所進步時，就應該長養、穩固、並且讓這些禪修經驗成爲眞切的體驗。

大手印四個前行的第一項，即是正確地依止一位如法的具德上師，以及出離心的培養。第二項則是下面的偈文將會談到的，對禪修與行止的見解之無誤的確信。

如前所說，在偈文主題的區分上，大手印前行的第一支是依止上師以及虔敬心與出離心的培養。此大手印前行的第一支，包含了一般所說的「四不共加行」，特別是指「上師相應法」的部分。上師相應法的目的在《大手印傳承祈請文》②中解釋得很好：「教云：虔敬即爲修行首。上師開啓教誡寶藏門，於諸恆常祈請之行者，加持生起無僞之虔敬。」

大手印前行第一支上師相應法，還包括了我們通常所說的「四共加行」（或稱「轉心四思維」）。因此就這個角度而言，這些修持都算是大手印前行上師相應法的分支。

接下來的偈文解釋對於見解之無誤的確信。

【16-2】如越一切能所是為見地王，
你若是能夠超越對客體（所者）與主體（能者）的執著，
這即是一切見地中的見地之王。

「客體」（所者）指的是對「顯現為有別於自身的所感受之物」的執著，「主體」（能者）指的是對「顯現為能感受之認知力」的執著。如果我們能夠完全超越對主客二體（能所二元）的執著，這即是所有見地之中的見地之王。就兩種見地的分類而言（經教邏輯推演而來的見地、與密續直接經驗而來的見地），這是屬於直接經驗的見地。

②噶舉傳承的祈願文稱為〈大手印傳承祈請文〉（藏文：*Dorje Chang Tungma*），是全球大部分噶舉佛學中心的日修功課。創古仁波切對此祈請文的論釋收錄在《示現解脫道》（*Showing the Path to Liberation*）一書中，該書英文版由南摩布達出版社出版。

接下來這句話講的是禪修：

【16-3】

如無渙散是爲禪修王。

若是心能夠不散逸，這即是一切禪修中的禪修之王。

通常我們會認爲禪修是一種「我正在禪修」的思維活動，然後設法將自心塑造成某種狀態。這其實不是大手印的禪修。所謂大手印的禪修，必須先要對大手印之本質有基本的認證，然後純然地安住在此認證當中，不讓心與其有所偏離。那不是刻意地在心中造作出任何東西，或是佯裝什麼狀態，而是安住於對自心本質的認證當中；此本質可被稱之爲「大手印」、法性或是「諸法實相」等等。

下一句話解釋行止：

【16-4】

如無勉力是爲行持王，

若是能夠無有作爲，這即是一切行止中的行止之王。

這裡是說，安住於對自心本質的認證當中，我們的行止將會免於造作的動機；由於不是造作出來的行爲，所以我們的行止是自然任運而發的。這樣的行止有助於我們持續增長對自心本質的經驗與了悟，因此也就是再合宜不過的行止了，所以稱之爲一切行止中的行止之王。

對於修持的結果，帝洛巴大師說道：

【16-5】

如無希慮果位即現前。

當再也沒有希冀與憂慮恐懼時，果位便會現前證得。

障礙我們成就的是對於未來某種果位的希求，以及對於自己是否能夠成就的擔憂。如果我們能超越未來能否獲證果位的希求與焦慮或恐懼，而在當下體驗到已然存在於自身的果位，那麼，果位當下就會體現。

在解釋了對大手印見地、禪修、行止與證果的確信後，偈文接著說到根、道、果的內容。

2. 根、道、果

以下是關於「根」的解釋：

【17-1】 離所緣境心之自性明，

超越了概念思維所能理解的範疇，心的本質清明。

這句話的第一個部分要表達的是，我們無法說心是存在、不存在、兩者皆是、或是兩者皆非；心是超越任何思維概念所能表述的。但是同時又並非什麼都沒有，心的本質展現為明性、清明，以學者的術語來說，是「明空相融」，此即是「根」。

下一句話表達的是「道」：

【17-2】

無所趨道已持佛道端，

無有道途可遵行，如此你已進入成佛之道的開端。

通常我們會將「道」的本質概念化，這麼地思忖：「我身處娑婆世界，我必須由此地到彼地；我必須經歷如此這般的修道。」然後我們會引用一些傳統上對於「道」的特徵描述，諸如五道十地等等，但是事實上這樣一個特別的修道並不存在。這裡的「道」指的其實就是對「根」的認證，而這也就是以下我們常引用的這句話的涵義之一：「如實地觀待圓滿的眞如，則能帶來眞正的解脫。」這裡的要點是，「根」的本質圓滿清淨，除了對「根」正確如實地觀待、認證之外，再也沒有其它的「道」了。

下一句話討論的是「果」：

【17-3】無禪修境串習得無上菩提。

無有可禪修的對境，當你嫻熟此點之後，將能獲得無上的證悟。

這裡的意思是說，沒有可以禪修的對境，而當你嫻熟了這樣無有對境可禪修的過程後，自然能夠獲得果位。有句岡波巴大師的名言將此形容得很好：「這當然就是禪修了，不必刻意去除昏沉與亢奮（掉舉）等表面上的缺失。如果你試著去這麼做，就會變得像是一隻試圖躍入天空的青蛙。」

至此，我們已經講解完畢大手印前行四項中的其中兩項。

3. 如何擯棄散亂而依止靜處

關於這個子題，偈文是這麼說的：

【18】嗟呼，於此世法善明瞭，不能常存有如夢與幻，
夢境幻影無有眞實義，故而生起厭離棄捨世俗事。

詳盡地檢視世間的一切事物；
沒有一件事物能夠恆常，因此，它們就如同夢境和幻象一般。
夢幻其實是沒有實質的，你因而生起厭離心，並擯棄俗務。

這段偈文解釋其實是一般的常理。它的要點是：這個世間的事物並不穩定恆常，因此可以說是如同夢境中所見的事物，也如同神奇的幻象一般。它們不僅僅是無常，也是徒勞無功、不具意義、毫無實質的。因此，這段話是在勸誡大家遠離對這個世間的欲望與執著，培養知足之心，並且擯棄俗務。

下一個偈文是這麼說的：

【19-1】周境皆繫貪瞋應斷除，

周遭的人事物都與貪瞋愛恨有關，應斷除這些貪瞋的關係。

這句話的要點是，我們一般所認知到的對境，也就是在迷惑中所認知到的對境，我們與它的關係不離以下兩種情況：一者，我們自己對它有所貪愛；二者，或是有所瞋恨。在論及我們與周遭人的關係時，我們的貪愛就像是沸騰之水，而我們的瞋恨就好比是熾盛之火。

貪執的產生是因爲將某人或某物認同是「我的」，好比「我的朋友」、「我的家人」、「某個會幫助我的人」等等。瞋恨的產生是由於將某人或某物視爲是敵人，想著「這是我的敵人」，而生起瞋恨以及憤怒。

我們與周遭的人、事、物所建立的大部分關係，都不離這兩者，而其中任何一者都對我們不利，因爲任何一種形式的執著（通常是爲了欲求快樂），其本質是憂慮、恐懼、焦躁與痛苦。心中的瞋恨、激進與憤怒等，也是一種痛苦。這種態度與這些關係不僅令自身痛苦，奠基於此而產生的行動也會導致他人的痛苦。因此，這句話在勸誡我們應當斷除所有這樣的關係。

下一句偈文說明在斷除所有這樣的關係後，我們還有哪些選擇。

【19-2】林中山間寺院獨自修。

在森林、山間與寺院等靜僻處，獨自禪修。

我們已受到指引應常住靜處，在捨離了所有輪迴執著的關係之後，下一句偈文接著解釋在僻靜處獨處中所要做的事：

【19-3】安住於此無所修觀中，
安住在無所禪修的狀態當中。

談到獨自閉關禪修時，我們總認爲應該要做一些事情，例如，進行某些思維或是禪修某些對境等等。但是這裡所謂的禪修，指的就只是讓自己安住在自心本質當中，而超越迷惑的投射，除此之外，沒有其它修持的過程。這裡所勸誡的是，應在靜處中培養大手印的禪定（三摩地）。獨自閉關靜修的好處，就是能夠開發出三摩地的清明與穩定。

同時，這並不是說一定要在閉關中才能修持大手印，而是可以有多種修持大手印的不同風格。印度八十四位大成就者的故事就是很典型的例子，透過閱讀他們的傳記，我們可以看到他們每一個人獨特的生活方式以及修持大手印的獨特風格。

舉例而言，龍樹菩薩不僅是一位著作等身的偉大學者，同時也是許多出家僧眾的管理與保護者。在履行僧團的職責、以及針對前所未知之領域著作大量釋論的同時，龍樹菩薩仍然能夠修持大手印，且因此獲得無上的證悟。另一個典範則是因札菩提國王的例子，他需要統理相當大的國家，住在富麗堂皇的宮殿中，身邊圍繞著部屬美眷等等。即使是身處於如此的奢華當中，他並沒有任何的執著，而能在這樣的環境修持大手印，獲得偉大的證悟。再來則是帝洛巴大師自己的例子，他過著貧窮低下的生活，甚至一度投入榨芝麻油的工作，即便是這樣，他仍然能夠在工作當中修持大手印而獲致無上的成就。因此，無論這些大成就者所投入的生活方式爲何，他們都有一個共同點，即是他們都以各自獨特的方式來增長對自心本質的認證，並且都能夠持守自心，不令散逸。

我們也可以看到在大手印傳播到西藏後，當地崛起的修持者的生活形態也有類似的多元性。那洛巴大師的弟子馬爾巴大譯師，馬爾巴的弟子密勒日巴尊者，密勒日巴的弟子岡波巴大師，一般被稱之爲噶舉三祖師，這三位大師各自代表了不同生活形態的修持者。馬爾巴大譯師相當富有，他有家眷，並且有七個兒子，還參與了許多世俗的事務以維持那樣的生活方式，然而他同時還能修持大手印，在一生當中獲得無上的證悟。從世俗的角度而言，有人或許會認為馬爾巴大譯師對自己的家庭有所執著。有一回在印度時，那洛巴大師對馬爾巴授記道：「你的法教傳承將有如寬廣江河中的水流般興盛，但是你的家嗣將如空中幻花般地消失。」馬爾巴回答道：「對於您的第一項授記，我很感謝。但是對於第二項授記，要怎麼做才可以改變呢？我有七個兒子，肯定能有一個可以延續家嗣的傳承。」那洛巴大師回應道：「別說是七個，就算你有一千個兒子也無法改變這個事實。」因此就世俗的觀點而言，馬爾巴看似對家庭有所執著，但是他仍然能夠修持並且證悟大手印。

另一面，馬爾巴大譯師的弟子密勒日巴，終其一生過著極度簡約而刻苦的生活，完全遠離不必要的活動。密勒日巴尊者的弟子岡波巴所代表的，又是第三種不同的生活形態。他是一位出家僧人，不僅居住在僧團當中，同時也統領著僧團。所舉的這三個例子的重點是，沒有一種生活形態本身單單就足以成為證悟大手印的充分條件，也沒有一種生活形態是證悟大手印的必要條件。證悟大手印充分且必要的條件是：不管在任何情況下，都能修持大手印的禪定。

若是能修持大手印的禪定，你將能成就大手印。這即是下面這句偈文所說的：

【19-4】如得無得即得大手印。

當你獲得那無可得的，就是證得了大手印。

這裡「無可得」指的是在獲證大手印時，你並不是獲得了某件新的東西，而是了悟到之前未被揭顯的、未被認出的本質、或是諸法實相。我們通常不識自心本質，而處於困惑當中。由於領受並實修上師的教訣，之前的困惑消失了，迷惑的投射與經驗被如實無惑的經驗所取代。這種無惑的經驗，即是這裡所指的「無可得之得」。

接著的偈文是：

【20】譬如大樹樹幹分枝花葉茂，斷一樹根十萬枝芽枯，
同理若斷心之根本輪迴枝葉枯。

譬如一棵有著主幹、許多分枝和花葉的大樹，
一旦樹根被切斷，萬千的枝葉便自動枯萎。
同樣地，一旦心的根本被切斷，輪迴的枝葉也將全部乾枯。

這裡的意思是說，雖然大手印本是一條修道，一個法門，但是經由這樣的一條道路、一項修持，就足以讓我們從各種不同的痛苦中解脫出來。

輪迴的痛苦千萬種，有地獄道極冷極熱的痛苦，有餓鬼道飢渴的痛苦以及其它等等，六道種種不同的痛苦。再者，不同的痛苦有其不同的因，也就是說，不同的煩惱造成了這些不同受苦的情況。那麼可能有人會說，爲了要從每一種痛苦及其成因中解脫出來，就必須運用

不同的對治方法；事實上並不盡然。雖然佛陀確實開示了八萬四千種法門，用以對治八萬四千種煩惱與痛苦，但在這裡大手印所採取的特別修法，對於不同的煩惱，並不訴諸不同的對治方法，而是使用單一的對治法，那就是去揭顯或認出自心與萬法的此同一本質。當我們認出了這個本質，經由此認證的力量，我們就能夠捨棄一切煩惱，也因此而能夠超越一切痛苦。

4. 禪修大手印所產生的利益

以下的偈文談到對自心本質進行禪修的利益：

【21】譬如雖爲已積千劫之黑暗，以一明燈除諸黑暗團，
同理自心光明一瞬間，除卻劫所積無明罪障。

譬如一盞燈炬的光明，
能除卻千劫以來的黑暗；
同樣地，自心本質剎那的智慧明光，
能除卻多劫以來的無明、惡業與障蔽。

想像一個長久以來完全密閉、不見日月星光、或是任何燈光的地方。當我們想到這樣的一個地方時，黑暗似乎很實在、很粗重，好像是一個必須要去除的東西。但是，無論這個地方多久沒有任何的照明（一年、一劫或是千劫），一旦我們在裡面燃起一盞燈，光明立現、黑暗頓除（無論之前處於黑暗中有多久）。同樣地，我們每一個人自心本質的明光、明性也是如此；舊派（寧瑪）傳承將此明性稱之爲普賢王如來（Samantabhadra），新派（*Sarma*）傳承③將它稱爲金剛總持。這個明性一直都在，只是沒有被認出來，因爲沒有認出明性而導致的闇昧，無始以來延續到現在，由於不識本性，我們顚倒迷惑。經由上師的教訣指導、加持，以及我們自身的實修與虔敬，我們才有可能首度將它認出來。當我們能完全認證出這個本質時，一切的遮障便在剎那間淨除，一如密室中的黑暗在明燈的照耀下，頓然消失。因此，我們說大手印證悟的力量非常之強大，一旦能夠完全證悟，便能即刻消除無明、惡業與遮障此三者。

「無明」是「覺性」或本覺的相反。具有覺知力（或是除卻了無明），在大乘中指的是對「法界」的了覺，在小乘中指的是對「人無我」的了覺，在金剛乘中則是指對「明空雙融」的了覺；而能了知到此要點的覺性（「無明」的相反），被稱之爲「覺智」（藏文：*rigpa yeshe*）。

無法認知到此本質的各式情況，在此大手印的不同教授中都有清楚的敘述。無論是沒認識到「人無我」、「法無我」，或是沒認識到大手印的本質等等，都算是「無明」。基本

③佛教進入西藏有兩個重要時期：第一個時期發生於西元第八、第九世紀，這個時期流傳下來的佛教稱為寧瑪派或是舊派（舊譯派）。第二個時期是在西元第十一世紀，重新由印度引入新的翻譯，而形成了包括噶舉、薩迦、以及格魯傳承等新派佛教，也稱「新譯派」。

上，我們主要的兩種障礙（所知障與煩惱障）都是源於無明；而無明的相反——覺性，指的即是證悟到人無我、法無我、大手印的這種了知。

除了無明之外，第二個因大手印的證悟力而消弭的狀態，即是惡業與遮障，也就是因惡行所積累的業力或印記。受到無明的牽引，我們造作惡行、惡業而形成遮障。無明、惡業與其它形式的遮障等等，這一切從無始以來就伴隨著我們，但是能認出諸法實相的此清明智慧，能夠在瞬間將這些一併淨除。這段偈文說明的就是證悟大手印的奧義與力量。

問題與討論

【問題】仁波切，這裡偈文說到修持大手印時，心並不特別地集中在某一個焦點上。但是從帝洛巴的一篇偈文中，他提到任何時候當煩惱生起時，要直接地看著它。如此，意思就好像是說在修持大手印時，我們從無焦點地安住於自心的狀態，轉換成爲有焦點地直接看著某個煩惱的狀態。尤其是在下座後遇到許多讓心散亂的事物時，這個由無焦點到有焦點的轉換對我而言很困難。我的一個經驗是在交通尖峰時刻開車到魁恩維爾，我開始變得恐懼且焦慮，但是又得注意路況，這個時候要不散亂地看著自心似乎很困難。

【仁波切】首先在本質上，正如你所說的，大手印的修持並沒有一個禪修的對境，或是禪修所專注的焦點，但是這是從沒有迷惑、迷惘的狀態下而言。若是從處在迷惘的狀態下而言，就會有一個專注的焦點、有一個對境。舉例來說，你提到自己如何處理念頭的生起。當念頭生起時，你將覺知力轉移到念頭上那個剛開始的一瞬間，正如你所說的，的確是有一個思維性的焦點。因爲認爲有念頭的生起是妄見，是屬於世俗諦的見解，是一種迷惑。因此，你是在迷惑的狀態下開始修持的。

但是當你透過專注於念頭的本質上，而能夠看透念頭的本質時，念頭就不在那兒了，也就沒有一個焦點了。因此當你看著它時，是有一個焦點；但是當你看透它的本質時，就沒有焦點了。

至於你所提到的下座修持，事實上，下座修持的要點就是專注於當下正在做的事情，不要分心散亂。如果你開車時能夠做到不散亂，有所警覺與覺知，就會比你在散亂中開車安全許多。因此，下座後的覺知力與警覺性，應該能減輕你擔心在魁恩維爾街上出車禍的恐懼。

〔眾笑〕

【問題】如果萬法的本質是空性，就像是我們看著泡沫，啪的一聲破滅時，什麼都沒有；就像是我們看著恐懼，想要去碰觸它時，也是什麼都沒有。我就在想，當我們看著家人與朋友時，他們會不會也像是泡沫一般，啪的一聲破滅後，什麼都沒有？他們是不是也是同樣的空性呢？

【仁波切】萬事萬物的空性，的確存在有邏輯上的證明，但這不是這裡我們禪修的方法，因爲我們所關切的是直接的經驗；而對空性最簡單直接的經驗，也就是對自心的空性本質直接的經驗。

在大手印的修持中，我們並不分析檢驗外在人事物的存在與否，而是去觀察那無須邏輯分析、能夠直接經驗到的念頭是否存在。在我們的傳承中有這樣的說法：「勿企圖擺脫、造作或是改變外在的顯相。任由它們去吧，它們對你無害也無益。」外在的顯相並不是問題之所在，問題是在於你的心與心的執著，心的執著就是念頭。因此在這裡，我們是以自心以及念頭做爲禪修的基礎。

【問題】是否能請您澄清大手印的禪修方法。我的瞭解是：當煩惱生起時，要去感受煩惱的質地，感受煩惱的背景情境，並赤裸地感受散亂的本質。這是不是類似於直接看著煩惱呢？

【仁波切】這兩種禪修煩惱的方法是不同的兩個方法。你所描述的方法中，你說到感受煩惱的質地、感受煩惱的背景情境、並了知煩惱的起源等等，這些都是立基於首先認可煩惱是眞實存在這樣的概念或是幻象之上。基本上，你運用的方法是將煩惱視爲是某樣東西。

我們這裡所講的面對煩惱的方法，並不是去看煩惱顯現的狀態，而是去看它眞實的面目。當你不受其表相（如煩惱的種類等等）所影響而直接地看著煩惱時，你所經驗到的煩惱，比較會像是「沒有什麼」，而不會像是「有些什麼」。這個方法的重要性在於，你之所以能夠放下煩惱，是透過對煩惱無實質性的定解、是因爲看到了煩惱並不眞實存在等等。這個方法便是直接地看著煩惱，並因此而瞭解到它的本質。你所了悟或經驗到的，將會像是先前的偈文所說的：「自生自息有如水波浪」；它們在生起的當下，也同時正在消逝。

【問題】這是個關於融合的問題。請問如何將大手印的修持與學術工作融合在一起？特別是對於我們這些佛法的學子，或者是對於像我自己這樣一個正在學習新觀念、積累新知識的人，我們如何將這兩者融合在一起？

【仁波切】關於如何融合的問題，特別像是你剛剛所說的情況，有一件非常重要而必須瞭解的事情，即是如何界定散逸。帝洛巴曾經說道：「兒啊！顯相不是你受縛的原因，執著才是！因此，那洛巴啊，要斷除執著！」我們必須對顯相以及對顯相的執著做一個區分。顯相的本身不是問題，執著與欲求才是問題。

當你在讀書時，你是透過對知識的累積而來訓練自己的心智，並且訓練自己如何有效率地學習等等。心智的訓練、學習智能的培養等不會形成問題，因爲你主要是在運用自心具有認知能力的覺性，這是自心的層面之一，而自心的另一個層面則是空性。會造成問題的是，你對學習而來的知識與觀念產生執著。解決的方法就是在學習時，保持著如禪修般的覺知；如果你能夠帶著覺察、警覺（正念、正知）來學習，你的學習就不會產生執著；透過這種方式，你的學習在某種程度上是可以與大手印的修持相融合的。

【問題】在大手印的修持中，我們不應執著於達到任何特別的目的。但是當佛陀坐在菩提樹下時，他的確是說了不達目的，絕不起身。

【仁波切】一般而言，任何形式的佛教傳承或法門中任何層次的見地、禪修與行止，都具有兩個層面：有關諸法表相的世俗諦，以及有關諸法實相的勝義諦。當我們說「對於結果無所希求」時，我們所關切的是如何培養對自心本質的認識，因此，這是一個如何經驗勝義諦的修行口訣，而非關於世俗相對上的進展過程。這並不專屬於金剛乘，在不同程度的法乘中，它都是這樣的；在小乘聲聞的見、行、修是如此，在大乘的菩薩行是如此，在金剛乘的大手印與大圓滿亦是如此。

小乘裡有「人無我」的見地，由這個觀點以及小乘的勝義諦而言，既然「我」不存在，自然沒有什麼可以被捨棄，也沒有什麼可以被證悟。這在大乘也是如此；從中觀的觀點而言，也是無可捨，也無可證。當然我們已經看到了，在大手印中也是這樣。這是從自心本質、從勝義諦的觀點而言。但是若從世俗諦的觀點而言，不同的法乘有自己不同的果位。小乘的果位是阿羅漢，大乘的果位是菩薩十地與佛果，大手印的果位是勝妙成就以及佛果。

因此，事實上，佛陀第一次坐在菩提迦耶的菩提樹下時曾說道：「我的身軀可乾，我的血肉可爛，我若不證無上正等正覺，寧碎此身，終不起座。」

【問題】空性的體驗與腦子一片空白的差別在哪裡？

【仁波切】嗯，兩者有著很大的差別。腦子一片空白指的是缺乏覺知的一種狀態，特徵是缺乏智慧、缺乏智識，就像是止的禪修卻又了無明性，基本上是一種愚癡的狀態；在這個狀態下的無思維以及無意念，其實是一種愚癡的表現。這在某些方面有點像是無色界的狀態，也就是感覺上什麼都沒有，但是事實上卻並非如此。

反之，對自心本質或是對諸法實相的認證，不論你將它稱之爲何，它是一種具有不可動搖之確信的智慧；過去的大成就者們曾說，一旦有了這種認證的體驗，即使有一百尊佛出現在空中當面告訴你：「並不是這樣。」你仍然會說：「就是這樣。」因爲你已經直接證悟到它。這就好像是我看到面前桌子上的這個金剛杵，因爲已經看到它了，所以即使有一百個人來跟我說：「你面前的桌子上並沒有金剛杵」，我也會認爲他們的爭論毫無意義，也不會因此而動搖自己的信念，因爲我已經看到了這個金剛杵。這，就是完全無所懷疑的智慧。

14 大手印正行

如何修持大手印的正行

這個章節是大手印的正行，一共分為四小節：

1.上根器的修持方法

先從上根器的角度來解釋大手印的修持方法。首先是帝洛巴對大手印本身的喜讚：「噫嘻[1]！」

這個歡喜的讚歎具有兩個層面。第一個是讚歎親身體驗到在大手印中成就自身利益的喜悅。透過大手印的修持，我們無須經過三大阿僧祇劫的積資累糧，而在一世當中就能即身證

[1] 這是藏文的驚嘆語，就像現代中國人說：「哇！」而古代中國人說：「噫嘻！」

悟，獲得與萬法合一、金剛總持的果位。從這個角度而言，大手印不僅是容易，而且是極為殊勝有力；就像之前偈文所提到的，大手印如何消除一切無明的遮障等等。因此，帝洛巴以「噫嘻！」來表達他對大手印的讚歎，另一方面，他也以此來表達能夠將大手印傳授給某個人的歡喜，此處的這個人便是那洛巴。這與佛陀在證悟時所表達的心情恰好形成對比，他說道：「我已找到了一個超越一切戲論、如癒疾甘露的微妙大法。但是無論我向誰去說，也不會有人能夠瞭解，不如還是保持靜默吧。」佛陀所表達的悲傷，應該理解為對佛法之精深的一種表達。但是在這裡，帝洛巴並不這麼表達，而是以一種誠摯的喜歡來分享能夠將大手印傳授給某個人、直接利益到某個人的喜悅。

下面的偈文說道：

【22-1】以心之法不見離心義，

概念之心無法瞭解那超越概念思維的境界。

概念之心或是心智的性質，即是無法瞭解或經驗到非概念性的事物；它無法瞭解超越概念思維的境界。

偈文的下一句話是，

【22-2】以所作法不悟無作義，

經由造作出來的東西，絕對無法讓你瞭解到非造作的狀態。

透過邏輯推理而想去瞭解心的本質，或是透過造作的禪修以確認心的本質，這些種種想要製造了悟的嘗試，充其量也還只是一種揑造，並無法眞正帶來對自心本質的證悟。因爲概念的造作，使得我們無法了悟自心的本質。在噶舉派的禪修要訣中，曾指出因概念思維的習氣而導致種種禪修中的過失，傳統上將這些解釋爲與空性有關的錯誤，而稱之爲

「將空性變成一個對治法」、「將空性變成一個封印」，以及「迷失在以概念所知爲根基的空性中」。

當我們說「將空性變成一個封印、或迷失在空性的封印中」時，意思是說，譬如當有煩惱生起時，我們可能會產生一種心態：「哦！沒問題呀，因爲它的本質是空性。」但是這僅僅是一個概念性的態度，並不是對空性的經驗。這裡「封印」的意思是試圖將你所經驗的事物，封存在對空性的概念思維當中。

至於「迷失在『以概念所知爲根基的空性』中」，意思是，對萬法本質的空性，嘗試在概念上去產生確信或經驗。從某一個角度而言，有這樣的確定與信心是好的，但因爲這仍然只是一個概念，所以就大手印的修持而言是不合宜的，因此，這裡我們說它是一種過失。

「將空性變成一個對治法」是一種心態上的過失，就好比是帶著這樣的態度來禪修：「如果我對空性進行思維概念上的禪修，那麼當煩惱生起時，會即刻消失。」

以上所提到的三種錯誤的共通點便是，它們都是概念上的過失，都是想要透過概念思維來造作出某個狀態。

除卻此三者之外的，無誤的、無偏離的方法，便是對諸法實相的直接經驗。而諸法實相超越思維概念，是離戲的，不是任何一種思維念想可以造作、產生出來的。

下面的偈文如是說道：

【22-3】

如欲求彼離心無作義，察自心根本而住赤裸本覺，

若是想要證悟那超越概念之心、且無所造作的本質，

就明察自心，安住於赤裸無遮的覺性當中。

這裡白話翻譯的「明察」，藏文偈言字面的意思是「連根斬斷」；之所以翻譯成「明察」，是因爲這就好像是你在搜尋一件被偷走的東西，所以是有意識地在搜索某個東西。這裡的要點是，若要直接經驗到自心的本質，則必須要有直接而非概念性的經驗，同時我們也必須將精力、專注力用在這個上面，而不是用於捏造出概念上的經驗。

對於「明察你的自心」有兩種可能的理解方式。你可能會覺得「明察你的自心」意思是，一邊看著你的心，一邊想著：「我現在在思考」、「我現在是快樂的」、「我現在是悲傷的」、「我現在有如此這般的煩惱生起」等等。這個技巧在做止的禪修的某個階段是有用的，但是除此之外，沒有什麼利益，也不是這裡「明察自心」所講的意思。

這裡「明察你的自心」意思是：不做任何評論地直接看著自心的本來面目，亦即直接去經驗它空性、明性、以及明空雙融，這是我們目前尚未認證的；爲了能認證到自心本質，我們必須要做的便是安住在「赤裸的、無遮的覺性」當中。這裡「赤裸」的意思是直接地、中間沒有介入任何東西、也沒有思維概念或是遮障存在於「正在尋心之人」與「所尋之心」的中間，完完全全地直接、完完全全沒有中隔之物。

通常我們看待事物的方式並不是這樣子的，我們總是隔著一層思維概念的薄紗來經驗每一樣事物。若是不斷除這個習慣，持續這麼做，我們絕對無法直接地、沒有隔閡地經驗到自心的本質。

對於禪修的指示與說明，有許多種不同的方式，正如巴楚仁波切所說的：「有的方式比其它方式好些。」通常可歸爲兩大類：班智達的「文字指引」和瑜伽士的「直接傳授」。一般來說，班智達的「文字指引」之禪修指示通常會很詳細，不但引經據典，還會有哲學上完整的補強。這類的指示內容文雅，但是運用起來不太實用，因此從這個角度而言，並不算是殊勝。反之，瑜伽士「直接傳授」的語言不似文學作品般地優美，也不那麼複雜，所以是易學易懂，容易運用。這裡的偈文說到「明察自心」、「安住於赤裸的覺性當中」等等，明顯地是屬於第二類禪修指示的特色。因此在這裡勸告我們的是，應當捨棄的是第一類班智達的「文字指引」，而選擇第二類的瑜伽士「直接傳授」的方式。

這個章節的偈文以及「明察自心」、「安住於赤裸的覺性當中」等禪修教訣的主要重點在於放下心智的造作，譬如邏輯推理等活動。但是在放下思維概念的同時，卻還是有可能進一步偏離正軌，也就是對禪修的覺受產生執著。雖然我們所關切的是經驗性的指引，但是仍然有可能會生起迷惑欺詐的覺受經驗；而我們之所以稱為「迷惑欺詐」，是因為它也會障蔽住「赤裸的覺性」，令我們無法直接地接觸到或經驗到「赤裸的覺性」。

會障礙住覺性的，有三種可能的不同覺受。第一種是「樂」的覺受，傳統上稱為「受到煩惱之膠的沾黏」；由於在禪修的過程當中，會有一些輕安、喜樂的覺受，令人感到歡喜而與之認同，但是這種「樂」的覺受並不是「覺性」。另一種可能生起的類似覺受便是「強烈的清明」，它會令人與之認同，並且堅持認爲「我了悟到了這個」，所以類似這種清明洞見的體驗也會障礙住對覺性的直接經驗。另外一種對覺性的障礙，是無念的覺受。這些都是覺受，而非了悟。對於一個已經獲得實際證悟的人，他所證悟的本質，我們不能說它不是「樂」，更不能說它不「清明」，但是這種眞正證悟的「樂」與「清明」，在特質上極不同於僅屬覺受經驗上的「樂」與「清明」。過去的大成就者曾經說過，單純的覺受經驗並不持久，今天有，明天就不在了。若是沉溺在這些覺受經驗中，的確會障蔽住我們的覺性。

【22-4】念頭染垢之流令清澈，不破不立所顯住本處。

讓念頭的渾水自己澄淨下來。

不要企圖去阻礙或是造作顯相，要讓它們以原來面貌如實地呈現。

這句話所要講的，事實上之前也已解釋過了，也就是無整寬坦地安住在大手印當中。這是我們一般人可以做得到的。經由嚴密的檢視自心，以一種極爲精確的方式去尋找自心，最終則能安住在赤裸的覺性當中。

但是在修持大手印的安住時，念頭可能還是會不時生起，以思維概念的形式呈現出來。念頭的特徵是思維概念，而安住於大手印的特徵是非思維概念，超越了思維之心。從這個角度而言，念頭的生起可能會被認爲是個問題或過失。但是在這裡，我們應當將念頭視爲是渾水中的泥沙。正如讓水澄清的方法，便是靜靜地讓泥沙在水中自然沉澱下來；同樣地，如果你能夠讓心安住，不受念頭攪擾或是動搖，那麼念頭的泥沙也就會自自然然地沉寂下來。由於你無須做任何事情以去除念頭，因此，這時念頭也就無所害了。

推而廣之，對於外在的顯相，如色、聲、香、味、觸等之對境，我們也不應該視爲是會攪擾我們的問題。正如帝洛巴告誡那洛巴的：「兒啊！顯相不是你受縛的原因，執著才是！因此，那洛巴啊，要斷除執著！」帝洛巴所言即是這裡要講的要點。對於顯相本身，或是經驗變化的方式，你無須做任何事情予以干涉，它是無害的，因爲它只不過像是鏡子中的映像罷了。因此，你無須去阻止它，例如降低顯相的逼眞度等，也不用試著去捨棄它或是改變它，只要讓它做它自己，光是這樣就足夠了。

下一句偈文是：

【23-1】

無捨無取顯有大印解，

若是對外在顯相無所厭棄或執取，那麼一切都會以大手印的狀態而解脫。

佛教任何形式的法門與教義，均不離小乘、大乘、以及金剛乘此三乘①的法教。它們都是爲了利益眾生，都是爲了降伏不同眾生的煩惱，而開顯了適合不同根器眾生的法教，因此同樣都是能滅除煩惱的正道。它們之間的差異性，可說是處理煩惱的三種不同方法，亦即對治煩惱的方法不同，培養功德特質的方法也不同。

小乘是以捨棄、厭絕煩惱爲對治法，將煩惱視爲是壞的、是有問題的，然後藉由培養出一種想要免於煩惱的強烈慾望，從而將煩惱斷除。

大乘則是以轉化來對治煩惱。當煩惱持續不斷地生起時，大乘是以菩提心來融攝它，慢慢而逐漸地將之轉化。例如，我們會習慣地將世界上的人劃分爲朋友和敵人兩派，貪愛朋友而憎恨敵人。經由對慈心和悲心的修持，將我們的愛憎，慢慢轉化成爲能夠遍佈而包容一切眾生的菩提心。

金剛乘則是「以煩惱爲道用」。「以煩惱爲道用」是什麼意思呢？舉例來說，當我們有瞋恨心時，藉由直接地看著它，我們會發現，它並不具有實有的本質，因此並非如表面上看上去那麼地實在；透過認出煩惱的本質，我們可以說就是將煩惱以爲道用了。這句偈文的意思是，我們不應該抱持著這樣的想法：「我必須捨棄這個，我要將這個斷除。」但我們也不應該像沒受過訓練的人一樣，任由煩惱滋長或與煩惱糾纏不清；而是說，我們既不應該將煩惱視爲是敵人，也不要讓自己執著煩惱，與之糾纏不清。

①佛教有三大主要傳統：小乘、大乘、金剛乘。藏傳佛教實際上修持所有三乘的教法，西藏也是少數幾個修持金剛乘的佛教國家之一。

繼續看下一句偈文：

【23-2】賴耶無生之中習氣罪障絕，

萬法根基無生之中，習氣、罪過以及障礙都絕滅了。

這裡所謂「萬法之基礎是無生的」中「萬法之基礎」一詞，可以指「本初清淨的萬法基礎」（亦即「阿賴耶智」或「一切種智」），以及「未淨的萬法基礎」②，亦即能含藏習氣印記之基礎（指第八識阿賴耶識，又稱「含藏識」或「一切種識」）。無論所指的是哪一個，由於事實就是此基礎是無生的，因此也就沒有可供習性依止其上的堅實性；也就是說，當我們直接認證到這個本質的時候，也就不需要刻意捨棄這些煩惱的障蔽，因爲它們已經被我們看透了。煩惱的本質、以及受到煩惱障蔽的這個基礎的本質，既然已經被直接認證出來，我們也就沒有必要另外去捨棄它們了。

接著的偈文是：

【23-3】 不爲迷惑謀計住無生體性，

不因迷惑而去執著，也不要去謀計，就安住在此無生的本質當中。

這句話的意思是，當你直接認證到這個本質時，你也就無須去擔心或是去尋思自己是否能夠捨棄煩惱了；你無須去想：「喔，我可以捨棄這個煩惱，但是那個煩惱似乎還捨棄不了」，或是「我或許能夠捨棄這樣的煩惱」等等。不需要這麼去尋思，因爲你是以見到萬法的本質、見到這一切事物背後的那個東西，以這樣更直接的方法來修持；所以，擔心自己是

②關於這部分詳細的解釋，可參考創古仁波切所著的《超越我執：辨別識與智》（*Transcending Ego: Distinguishing Consciousness and Wisdeom*），英文版由南摩布達出版社出版，中文版也即將出版。

否能夠捨棄煩惱，是不必要也不合宜的。從這個觀點來看，煩惱生起也好，不生起也行，因爲你所直接認證出的萬法實相的本身，是不變、也不受煩惱之有無的影響。由此，這個修持方法告訴我們，與其將注意力放在如何操弄煩惱，還不如將注意力放在單純地安住於此無生且不變異的本質當中。

【23-4】顯相自顯心之諸法皆窮盡。

讓顯相自己如實地顯現，容許心中的一切現象消融殆盡。

這裡的意思同樣是說，容許顯相的存在，亦即容許那個你正在經驗的事物（可以說是你個人的經驗）在那兒；不要試圖去操弄你所聽到的、所看到、所嗅到、所嚐到、所觸受到和所思考的事物；這樣做只會讓念頭與執著將你的經驗堅實化，不如讓自心的念頭或是執著自然地消融殆盡，就這樣讓它去。

2. 從結果上重申大手印的見地、禪修、行止與成果

接著是再度重申大手印的見地、禪修、行止與成果（見、修、行、果）。之前，我們曾講解過這樣的偈文（第十六偈），「你若是能夠超越對客體（所者）與主體（能者）的執著，這即是一切見地中的見地之王；若是心能夠不散逸，這即是一切禪修中的禪修之王；若是能夠無有作為，這即是一切行止中的行止之王；當再也沒有希冀與憂慮時，果位便會現前證得。」接下來的偈文所要講的稍微不一樣：

【24】邊際皆解最勝見地王，深廣無際最勝觀修王，
斷邊離方最勝行持王，無欲自解是為殊勝果。

從所有概念邊見中解脫出來，這即是見地之王；
深切廣大之體驗，這即是禪修之王；
沒有邊見，毫不偏頗，這即是行止之王；
在沒有希冀欲求當中自解脫，這即是最殊勝的成果。

爲什麼這四個主題要以類似又不太一樣的方式再解釋一遍呢？原因是之前對見地、禪修、行止與成果的解釋在於如何入手，而這裡的解釋則是關於嫻熟或通達見修行果的境界，因此這裡是從結果上來看這四個主題。

第一句是關於見地，「由所有概念邊見中解脫出來，這即是見地之王。」這裡殊勝的見地指的是「不執著於事物是存在（有）、抑是不存在（無）」的見地。接著，下一句偈文「深切廣大之體驗，這即是禪修之王」，這裡的「無邊」指的是禪修所獲得的體驗，也就是培養出超脫邊見的見地，並如此進行禪修時，所獲得的結果便是廣大、完全自由、不受任何束縛的體驗。下一句話，「沒有邊見，毫不偏頗，這即是行止之王」，指的是我們的行止，同樣地完全超脫存在、抑或不存在的迷思。而其結果，即是發掘出原本就存於自身的本質，而非希冀獲得未來的成果。

這是從上根器修行人的角度，來進行對見地、禪修、行止與成果的討論。在這個段落裡，我們解說了上根器的人修持大手印的方法，這種方法適用於那些能夠當下頓悟解脫的人。這種上根器的人不需要經過不同的修持階段或經驗。而對於中根器與下根器這兩類的人而言，兩者都得在經歷不同階段的修持與經驗後，方能獲得同等的證悟。接下來的偈文要講的便是這樣的過程。

3.中根器與下根器的修持

【25-1】

初機有如崖谷湍流水，

對一個初學者而言，修持的體驗就像是湍急的河水流過狹窄的懸崖峽谷。

這句話的意思是，當我們剛開始學習禪定（三摩地）時，通常是有時能夠認出心的本質，有時不能；有時能讓自心自然地安住，有時不能。這種經驗在「止」與「觀」的禪修③當中都有發生的可能。在這個階段，不管是「止」、抑是「觀」的練習，我們的心都不會太穩定，也無法長時間保持清明。

下一句話解釋的是下一個階段：

【25-2】

中則恆河之水緩而動，

在中間階段，體驗則有如恆河之水緩緩流動。

這裡描述的是在熟悉了三摩地後，中間階段的經驗。這個時候雖然心仍然不是靜定的，但是已沒有太大的起伏，也沒有太多的亂流，心驛動的速度也已經減緩到一個程度，使心的穩定與清明的體驗得以日益增長。

下面接著說：

【25-3】最末萬川有如母子會。

最後，體驗就好比萬川交會，有如母與子的相逢。

最後階段的經驗，既非急流，也非強勁的緩流，而是稍微有點蜿蜒的漫流。意思也就是說，雖然心不是完全地靜定，但是已經有了很大的穩定度與清明。就大部分的行者而言，要達到這個階段，必先經歷其它的階段，透過一次又一次的禪修練習，才能由一個階段進步到下一個階段。

③所有的禪修方法可以被劃分為兩大類：「止」的禪修與「觀」的禪修。「觀」的禪修可以再進一步分為經教傳統，以及大手印傳統。

經教傳統的觀禪，又有分析式的禪修與安住的禪修。大手印傳統（或稱密續傳統）的觀禪，則立基於具格且具有證量的大手印傳承持有者，直指自心與萬法的本質。【喇嘛札西南嘉】

接下來的偈文講的是一般根器的人在實際修持大手印時，有哪些必要的修持方法能夠幫助他們逐步通過各個階段的修持，最終達到證悟的目的。下面的偈文是這麼說的：

【26-1】劣慧凡夫如不住此境，持氣之要強化覺心髓，

對於那些缺乏資質的人，如果無法安住於自心本質，便可採取呼吸的技巧，強化覺性的精髓。

這裡的「缺乏資質」指的是與前述上根器行者相較資質較低下的行者，上根器不需要任何其它的修持方法或是技巧。對於我們這些一般資質的人而言，修持禪定時的特徵，便是時有時無的清明，以及時有時無的穩定。我們必須經歷循序漸進的過程與階段，才能逐漸地增強禪修中的清明與穩定。

「便可採納呼吸的技巧」中的「呼吸技巧」，指的是我們傳承中大成就者所運用的修持方法，以持中氣、瓶氣、九節佛風等來培養禪定。至於「強化覺性的精髓」意思是要加強覺知。對於某些覺知過於緊繃的人而言，的確需要將它放鬆。但是對我們大多數的一般人而言，情況並非如此；反倒是在修持禪定時，心不夠清明，也不夠穩定。因此需要在覺知上用力，這樣才能夠覺照到禪修中的經驗，也才能更正禪修中的過失。總的來說，我們必須練習這些能夠讓正念和正知穩定下來的方法與技巧。

接下來的句子是：

【26-2】觀姿持心以此多分支，未住清明覺性前攝持。

透過調整視線、持心等多種技巧，

在覺性尚未完全清明之前，以此守持自心。

「調整視線」指的是以不同的視線來對治禪修時的兩種主要過失：昏沉與亢奮（掉舉）。傳統上的教法是，在禪修中感到昏沉時，應該將視線上提，往上看；若是心過度亢奮時，應該將視線下壓，往下看。不論是哪一種情況，重點是運用不同的技巧或對治法，有意識地調整、強化心的覺知與注意力，一直到心能夠自然地安住於本初的清明狀態為止。

這是適合中等資質者的禪修技巧與對治方法。

接著的偈文是：

【27-1】如依業印樂空智慧現，

若是依止事業手印而修，樂空的智慧將會生起。

一般而言，事業手印（karmamudra）指的是「以貪慾爲道用」的修持方法。但是就每一個世代來看，這個方法只會對特殊的少數一、兩個人有助益；對於其它的多數人而言，反倒只是徒增煩惱罷了。雖然說修持這個方法的原因和目的，是爲了平息煩惱並生起樂空智慧，但無論如何，對大部分人來說卻會是適得其反。

就實際而言，我們比較傾向於以三昧耶手印（samayamudra）來替代事業手印的修持，三昧耶手印也稱爲拙火。拙火的修持是將金剛身的氣、脈與明點的功用發揮到極致，以產生空樂的智慧。所運作的原理是透過正確地使用氣、脈與明點，使身體上產生煖意以及大樂，在此情況下，便能使大樂與空性的智慧於行者的心中生起。關於這點，下面的偈文說到：

【27-2】方便智慧加持平等住，緩緩下降盤集反引提，
在已聖化加持的智慧與方便之雙融當中，平等安住，
讓明點自頭頂緩緩下降、盤集，繼而回返引提。

這段偈文描述了這項修持的其中一部分，也就是拙火的觀想與運用。首先使頭頂的明點開始緩慢地下降，並盤集或匯集，再將明點向上提升，然後散佈身體各處，遍滿全身。

偈文接著說：

【27-3】

散佈界處鋪展遍全身，於彼如無貪戀樂空智慧現。

最後讓它散佈全身各個界處，若是對這體驗沒有貪著，樂空不二的智慧將會展現。

以上就是噶舉傳承中大部分行者所運用的修持。配合殊勝的「那洛六法」，這項修持法門以能夠產生殊勝的了悟與超常的智慧而聞名。

4.修持大手印的成果

這個章節描述的是修持大手印的結果。偈文說道：

【28-1】

長壽無白髮且如月而增廣，容光煥發力亦如獅子，
速得共通成就亦達至最勝。

你將能長壽、不生白髮，功德如初月漸圓般增廣。
你將會容光煥發，力量強如獅子。
你將能迅速獲得共通的成就，也會達到不共的無上成就。

一般而言，修持大手印有兩個成果。首要的成果是「不共的無上成就」，第二個成果是「共通的成就」。這個極致的、所謂「不共的無上成就」指的是，透過大手印的禪定，所有

一切需要被斷除的，如煩惱等等，皆能自己平息（自清淨）。在這些需要被斷除的障蔽自清淨之後，盡所有智與如所有智這兩種佛智慧才得以開顯。這即是無上的成就、究竟的結果。

至於大手印的修持如何獲得「共通成就」，我們可以看到在皈依文中所提到的：「皈依法，這無上的寂靜和離欲境界（皈依法，離欲尊）。」意思是說，透過大手印的修持，滌淨了一切煩惱，除了最終可以獲致無上的佛果，短期內也可以讓我們的心獲得無比的祥和與寧靜。

通常我們的心一點都不平靜，總是受到念頭的攪擾。這裡受到念頭攪擾的意思是說，雖然有些念頭是令人愉快的念頭，但是大部分的念頭卻都是不愉快、令人焦躁、憂慮的念頭。焦躁與憂慮對體內氣脈與能量所產生的負面影響，實際上會讓我們的肉體感到不適，而最終導致身體上的疾病。焦躁與憂慮加速我們的老化，讓我們更容易生病。大手印的禪定能讓心平靜下來，帶給內心喜樂與舒坦，進而讓身體安適健康，活得長壽、不生白髮，並且像是此偈文所描述的：「你將會容光煥發，力量強如獅子。」

總的來說，修持大手印的成果有兩個：近期內所獲致的「共通的成就」，與長遠來看所獲致的「不共的殊勝成就」。

迴向與發願

接下來是迴向與發願：

【28-2】大手印之心要此口訣，具福眾生心中祈憶持。

祈願此大手印精要的修持口訣，能常存於具福眾生的心中。

這個祈願有兩部分。第一個祈願，偈文說到「具福眾生」，指的是願一切眾生都能具足福德，以便能有修持大手印的機緣。第二個祈願是，對於那些有福報接觸、修持大手印的眾生，願他們能夠在心中好好地領略、憶持此大手印的要訣。

後記

接下來是關於此大手印偈文完稿與藏文翻譯的記錄：

> 此文是由尊勝的大手印成就者帝洛巴，在修學兼備之喀什米爾班智達那洛巴歷經十二苦行之後，於恆河畔親口傳授那洛巴而作。後由大成就者那洛巴口述此「大手印二十八金剛句」，西藏譯者之王大譯師馬爾巴確吉羅卓（法慧），於北邊的普拉哈里（Pullahari）翻譯與校定。

恆河大手印的根本偈流傳有不同的版本，最顯著的差異在於偈文編序上的不同。基本上，有收錄於《貝瑪卡波大師文集》的版本，而這裡所使用的版本，是依據第三世大寶法王 讓炯多傑所著的《主題辨析》系列中所用的版本。

問題與討論

【問題】仁波切，我覺得對修持中的體驗具有信心似乎非常重要，同時信心就像是您所講的那樣。您是否可以多談談這方面的內容？另外，是否有培養並穩定信心的方法？

【仁波切】你所講的體驗，指的是各種不同的顯現；所謂的顯現，不一定是具有形象的顯現，而可以是所經驗到的覺受，例如喜樂的覺受、清明的覺受等等。

但是對赤裸的覺性直接的體驗，卻是完全地不同。特別是此直接體驗是穩定的，你無法將它拋棄，它也不會消失；一旦你認出了它，它就不會不見。

至於對那些有所顯現的體驗，可能今天很鮮明，但明天就不見了。所以，面對任何覺受的最好方式，便是不去執著有或無，就這麼單純地繼續自己的修持。因此，這裡的修持要點是，不執著於任何體驗。

【問題】在蔣貢康楚羅卓泰耶的一首道歌中，將大手印解釋爲離戲、一味與無修。跟這裡所講的無修是否一樣？

【仁波切】不一樣。你所說的蔣貢康楚羅卓泰耶的道歌，所指的是大手印禪修的體驗與證悟的次第。傳統上將大手印的體驗與證悟劃分爲四個階段，又稱之爲大手印四瑜伽：專一、離戲、一味與無修。無修是其中大手印的經驗與證悟的一個階段，有別於我們這裡所講的大手印修持口訣。這裡所講的口訣，例如不造作思維等等，是在初階一開始要修持的內容，因此並不等同於大手印體驗與證悟四階段裡面的無修階段。

我們嚴重受到心智概念思維的障蔽，能夠障蔽我們的除此之外別無其它。我們在修持大手印所遇到的最大問題，便是希望一切如我們所願地順遂，希望我們的禪修極度地優雅，而試著要去達到我們所要的、所知道的禪修狀態。透過如此地去「設計」我們的禪修，我們便爲自己設下煩惱的陷阱，然後失望地想：「噢！這次禪修沒有修好！」像這類沒必要的造作也是必須要捨棄的，而這即是大手印口訣中「單純地安住於直接與赤裸的覺性」所要達到的目的。

【問題】就我個人的理解，這種單純安住、遠離概念造作的禪修狀態，當然就是大手印的「根」或根基，但是尚有修持的「道」需要去經歷。那麼在進行修持時，我們是否可以對

「道是什麼」進行思維呢？舉例而言，聽聞到無修的教法時，我只能從概念上去接受，而無法對它有直接的體驗。當然了，最終概念還是可以得到轉化，我想說的是，您的解釋就究竟實相來說，當然還是非常有道理的。

【仁波切】這個道理馬上可以用得上；一切我所講的，當下就可以運用起來。

從小乘的觀點來看，修行是有一長串的練習要做，而修行的道路非常地漫長。就大手印不共的修持方法而言，是以觀照自心爲道路。看著自心其實是沒有什麼大不了的困難，因爲是你自己的心。這並不是假裝把一個不是空的東西認爲是空的，也不是把一個看上去不是空的東西說成是空的，或是把一個看上去不清明的東西說成是清明的。並不是要去說服你自己、或是將自己策劃成爲什麼東西。

對於初學者來說，的確是有需要面對的障礙，但是這些都是可以透過我們的信心與精進予以克服的，這其實一點也不難。不管你認爲是噶舉上師的加持也好，還是你自己的信心與虔誠也好，只要你對這個修持的有效性有所信任，就絕對能讓你獲得證悟。

【問題】仁波切，您是否能夠多談一點大手印止的禪修？似乎昏沉這個怨敵，在我們覺察之前就已然出現了。我知道自己的清明還在，只是不知道它跟昏沉的區別。如果在禪修當中，覺受很鮮明，也沒有太多的念頭，這代表自己是在清明還是昏沉的狀態？

【仁波切】就大手印禪修中的清明來說，不具有昏沉這樣的過失，而是顯相無礙展現的體驗，同時也是直接認出自心本質的一種確信。這裡的確信，並不是推論引申出來的確信，而是對明確而清楚地經驗到自心本質的確信。在達波札西南嘉所著的《月光大手印》一書中提到，通常大手印修持中最要緊的是兩種能力：正念（覺察）與正知（警醒）。《月光大手印》更指出，這兩種能力愈多愈好；正念和正知愈強，禪修愈好。在禪修中，我們與這兩種能力應該要片刻也不分離。事實上，正念與正知必須如此地清晰，在清晰中似乎帶著一種實在的稜角；若是沒有那種爽脆的清晰，禪修就會變得黑暗而模糊。

【問題】您提到要將大手印的見地，帶進我們的每一個行為當中。我的問題是對於社會的界限與法規呢？是不是要一併捨棄呢？

【仁波切】融合大手印見地的行爲會與世界上的習俗起衝突，這是絕對沒有道理的。事實上，我們必須依照社會的習俗行事。

【問題】如何辦得到呢？

【仁波切】行爲包含三個層面：身體上的行爲，言語上的行爲，以及心上的行爲。身體與言語上的行爲就是要得體，要與事物的規律以及世界上的規章和諧一致。這裡所謂的與世界上的規章相和諧，意思是說，要與他人和諧共處，不要跟他人起衝突，或總是跟他人有所爭執。在言語上不要口無遮攔，而是說話要謹慎，要考慮到你所說的話所帶來的後果。但是我們有時候做不到，因而行爲不得體。我們在身體與言語上的行爲之所以不得體，是因爲心受到了煩惱的控制。如果你的心處在一種放鬆與寧靜的狀態下，身體與言語上的不當行爲就不容易發生了。因此，心上的行爲就是要經常地經驗到心的本質；當你經驗到心的本質時，你就不會被貪瞋癡所控制了。

當然了，一開始是困難的，但是我們可以從培養這樣的一種態度開始：「我主宰我的心。我的心不主宰我，也不主宰我的人生。我要控制調伏我的心。」接續而來的心態與修持將能夠讓你的心平靜下來，也就會讓你身體和言語上的行爲與大眾的需求相符一致了。

【問題】仁波切，您提到我們的概念心智是證悟自心本質的一個直接障礙，這是否意味著研讀佛教義理會增長這個障礙呢？

【仁波切】不是的。就佛法而言，思維能力的運用可以有兩種情況。當我說思維或心智會是一個障礙時，指的是其中的一種情況，而非另一種情況。一般來說，多去研讀佛經以及各方面的知識，不僅不會是修證大手印的障礙，反而是個很大的助益。會形成障礙的一種情況是，你在禪修當中去思維大手印，誤以爲自己可以透過心智而思維出大手印的證悟，或是透過邏輯而推演出大手印的證悟。事實上，大手印並不是一個可供思維意想的對象，而且大手印的修持也不是透過思維來達到證悟。大手印是讓修持者能直接經驗到自心的本質。除了將思維與知識誤用的這個過失之外，研究學問本身應該而且必然能穩定與增長大手印的修持，絕對是有益而無害的。

【問題】我很難理解如何去觀照自心。偈文中講到在觀照外在顯相時，不要去改變它，也不要對它產生投射；觀照自心用的也是同樣的方法嗎？如果不是，什麼才是觀照自心本質的眞正方法？

【仁波切】直接觀照自心與直接觀照外在顯相，這兩種方法有些不太一樣。受到無始以來輪迴的習氣使然，我們會感覺到外在的顯相是眞實的，並且會繼續認爲外在顯相是實有的，一直到我們獲得某種特別的證悟爲止。而一開始要對外在顯相進行禪修非常困難，因爲外相看上去是這麼地堅實。由於外在的顯相對我們無害也無益，也不是問題所在，因而在此傳統教法中建議對它們不予理會。

至於說你的心，本來就是以一種無實質的形式表現出來。透過在心中尋找它的實質性，你也可以經驗到這一點。如果你覺得直觀自心、經驗它的無實質性很難的話，你可以選出幾個關於實質性的特徵，然後試著在你的心中一項項地去尋找這些特徵。譬如說，你可以去看看你的心有沒有顏色，心有沒有存在於一個什麼地方，心有沒有形狀，心有沒有大小等等。按照這樣一步一步地去做，遲早你一定會直接經驗到心的無實質性。

【問題】仁波切，如果可以的話，我想問兩個問題。第一個問題是關於慈悲心：慈悲心是如何地由虛空中生起的呢？再來，經由您的加持而非我個人的福德，我有些許安住於明性中的經驗與了悟。我的疑問是，當一個人眞正安住於自心，並且能經驗到它的廣大與無實質性時，從這當中，柔軟與原始的赤子之心，以及一股想要更加地善待他人的渴望是如何生起的呢？

【仁波切】你的經驗聽起來不錯。第三世大寶法王在《大手印願文》中說道：「眾生自性雖常為佛性，由不了知墮無際輪迴」，而透過對自心本質的體驗，你會自然而然地有這樣的認識。當你在某種程度上經驗到了自心的本質時，你馬上可以體會到它帶給自身的利益。同時，你也會認識到這是任何人都可以辦得到的，任何人都可以有同樣的經驗、有同樣的證悟、獲得同樣的利益，因為一切眾生的自心本質都是一樣的。既然一切眾生皆有佛性，他們都能夠有同樣的證悟與利益，但是卻仍然不識自心本質，並因此而倍受煎熬。想到這裡，你便會很自然地受到慈悲心的觸動與驅使。這類的了悟似乎經常伴隨著大手印的經驗而來。

【問題】仁波切，我想問一個關於在觀照自心時將心放鬆的問題。到底是什麼在放鬆？還有，能不能夠將心放鬆，是不是跟功德以及具備足夠的功德有關？

【仁波切】這裡我們所講的放鬆，其反面是一種基於恐懼的緊張。比方說有這樣的念頭：「我不能去想事情，一定不准想事情。我不會去想事情的。」或是「哦！糟糕，我起念頭了。」「我剛剛打斷了那個念頭，卻沒有打斷這個念頭，讓它溜走了。」這些心態把禪修變成了一場征戰。

這裡所謂的放鬆，指的是對待禪修的一種態度，因此也可說是禪修應有的行止。有念頭生起時，就讓它生起，你只需直接地看著它。因此，這是一種較不費力的禪修方式，並且是一種不同的修持態度與氛圍。

至於禪修中的放鬆能力與累積功德之間的關係，累積功德向來有助於禪修中的各個層面；而也正因爲它全面性的利益，一般都會建議大家在領受大手印口訣之前，先完成四不共加行的修持。皈依大禮拜增長你的信心與虔敬，會讓你更有決心地精進於修行；金剛薩埵會剷除你的一些習氣，以防止無法控制的妄念來擾亂你的修行；供養曼達讓你聚積資糧，幫助你具足修持大手印的善緣；上師相應讓你獲得上師的加持，使你產生體驗與證悟。所有這些修持都能增長你的福慧資糧，對於大手印的修持有著多方面的助益。但是也請大家不要誤解爲沒有完成四不共加行就不能修持大手印；其實仍然是可以的。我只是要強調四不共加行的修持非常有幫助。

佛教流派表

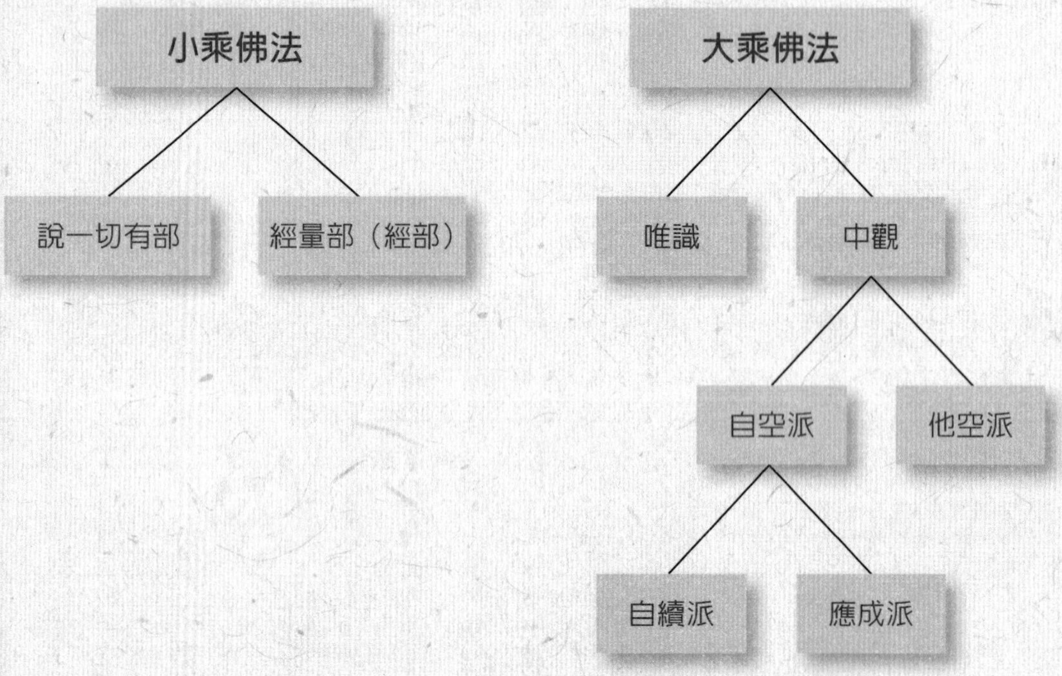

處理佛書的方式

佛書內含佛陀的法教，能令我們免於投生惡道，並且爲我們指出解脫之道。因此，我們應當對佛書恭敬，不將它放置於地上、座位或是走道上，也不應跨過。搬運佛書時，要妥善地包好、保護好。放置佛書時，應放在乾淨的高處，與其他一般的物品區分開來。

若是需要處理掉不用的佛書，就必須小心謹慎地將它們燒掉，而不是丟棄在垃圾堆當中。焚燒佛書前，最好先唸一段祈願文或是咒語，例如唵（OM）、啊（AH）、吽（HUNG），然後觀想被焚燒的佛書中的文字融入「啊」字，接著「啊」字融入你自身，之後才開始焚燒。

這些處理方式也同樣適用於佛教藝術品，以及其他宗教教法的文字記錄與藝術品。

成就者傳記系列　JS0006

帝洛巴傳：成就故事與其教法恆河大手印

作　　者／堪千創古仁波切
英 譯 者／傑瑞・莫瑞爾（Jerry Morrell）、朱爾・雷文森（Jules Levinson）
中 譯 者／陳碧君
審 譯 者／江涵芠
協力編輯／丁品方
業　　務／顏宏紋

總 編 輯／張嘉芳
出　　版／橡樹林文化
城邦文化事業股份有限公司
104 台北市民生東路二段 141 號 5 樓
電話：(02)25007696　傳真：(02)25001951
協力出版／創古文化・李佩雯居士
發　　行／英屬蓋曼群島家庭傳媒股份有限公司城邦分公司
104 台北市民生東路二段 141 號 2 樓
客服服務專線：(02)25007718；(02)25001991
24 小時傳真專線：(02)25001990；(02)25001991
服務時間：週一至週五上午 09：30 ～ 12：00；下午 13：30 ～ 17：00
劃撥帳號：19863813；戶名：書虫股份有限公司
讀者服務信箱：service@readingclub.com.tw
香港發行所／城邦（香港）出版集團有限公司
香港灣仔駱克道 193 號東超商業中心 1 樓
電話：(852)25086231　傳真：(852)25789337
E-mail：hkcite@biznetvigator.com
馬新發行所／城邦（馬新）出版集團【Cité (M) Sdn.Bhd. (458372 U)】
41, Jalan Radin Anum, Bandar Baru Sri Petaling,
57000 Kuala Lumpur, Malaysia.
電話 : (603) 90578822　傳真 :(603) 90576622
Email:cite@cite.com.my

版面構成／歐陽碧智
封面設計／張家銘
印　　刷／韋懋實業有限公司

初版一刷／ 2013 年 7 月
初版五刷／ 2020 年 11 月
ISBN ／ 978-986-6409-28-8
定價／ 260 元

城邦讀書花園
www.cite.com.tw

國家圖書館出版品預行編目資料

帝洛巴傳：成就故事與其教法恆河大手印 / 堪千創古仁波切著；傑瑞．莫瑞爾（Jerry Morrell）、朱爾．雷文森（Jules Levinson）英譯；陳碧君中譯．-- 初版．-- 臺北市：橡樹林文化，城邦文化出版：家庭傳媒城邦分公司發行，2013.07
面；　公分．--（成就者傳記；JS0006）
譯自：The Life of Tilopa and The Ganges Mahamudra
ISBN 978-986-6409-28-8（平裝）

1. 帝洛巴　2. 藏傳佛教　3. 佛教傳記

226.969　　100022848

廣　告　回　函
北區郵政管理局登記證
北台字第10158號
郵資已付　免貼郵票

104 台北市中山區民生東路二段 141 號 5 樓

城邦文化事業股份有限公司

橡樹林出版事業部　收

請沿虛線剪下對折裝訂寄回，謝謝！

橡樹林

書名：帝洛巴傳：成就故事與其教法恆河大手印　書號：JS0006

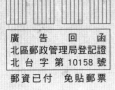

橡樹林文化

讀者回函卡

感謝您對橡樹林出版社之支持，請將您的建議提供給我們參考與改進；請別忘了給我們一些鼓勵，我們會更加努力，出版好書與您結緣。

姓名：＿＿＿＿＿＿＿＿＿＿ □女 □男 生日：西元＿＿＿＿＿＿年

Email：＿＿＿＿＿＿＿＿＿＿＿＿＿＿＿＿＿＿＿＿

● 您從何處知道此書？

□書店 □書訊 □書評 □報紙 □廣播 □網路 □廣告 DM □親友介紹

□橡樹林電子報 □其它＿＿＿＿＿＿

● 您以何種方式購買本書？

□誠品書店 □誠品網路書店 □金石堂書店 □金石堂網路書店

□博客來網路書店 □其它＿＿＿＿＿＿

● 您希望我們未來出版哪一種主題的書？（可複選）

□佛法生活應用 □教理 □實修法門介紹 □大師開示 □大師傳記

□佛教圖解百科 □其它＿＿＿＿＿＿

● 您對本書的建議：

＿＿＿＿＿＿＿＿＿＿＿＿＿＿＿＿＿＿＿＿

＿＿＿＿＿＿＿＿＿＿＿＿＿＿＿＿＿＿＿＿

＿＿＿＿＿＿＿＿＿＿＿＿＿＿＿＿＿＿＿＿

＿＿＿＿＿＿＿＿＿＿＿＿＿＿＿＿＿＿＿＿

＿＿＿＿＿＿＿＿＿＿＿＿＿＿＿＿＿＿＿＿

非常感謝您提供基本資料，基於行銷及客戶管理或其它合於營業登記項目或章程所定業務需要之目的，家庭傳媒集團（即英屬蓋曼群商家庭傳媒股份有限公司城邦分公司、城邦文化事業股份有限公司、書虫股份有限公司、墨刻出版股份有限公司、城邦原創股份有限公司）於本集團之營運期間及地區內，將不定期以 MAIL 訊息發送方式，利用您的個人資料於提供讀者產品相關之消費與活動訊息，如您有依照個資法第三條或其它需服務之務，得致電本公司客服。

我已經完全瞭解左述內容，並同意本人資料依上述範圍內使用。

＿＿＿＿＿＿＿＿＿＿（簽名）